LA

JEUNESSE DE MOLIÈRE.

ÉDITION SPÉCIALE POUR LA FRANCE.

COLLECTION SCHNÉE.

BRUXELLES. — TYP. DE Vᶜ J. VAN BUGGENHOUDT.
Rue de Schaerbeck, 12.

P. L. JACOB.

— BIBLIOPHILE. —

LA

JEUNESSE DE MOL...

SUIVIE DU

BALLET DES INCOMPATIBLES

PIÈCE EN VERS INÉDITE DE MOLIÈRE

AVEC UNE LETTRE AU BIBLIOPHILE ...B.,

Par Félix DELHASSE.

PARIS

ADOLPHE DELAHAYS, LIBRAIRE-ÉDITEUR

4-6, RUE VOLTAIRE, 4-6

—

1858

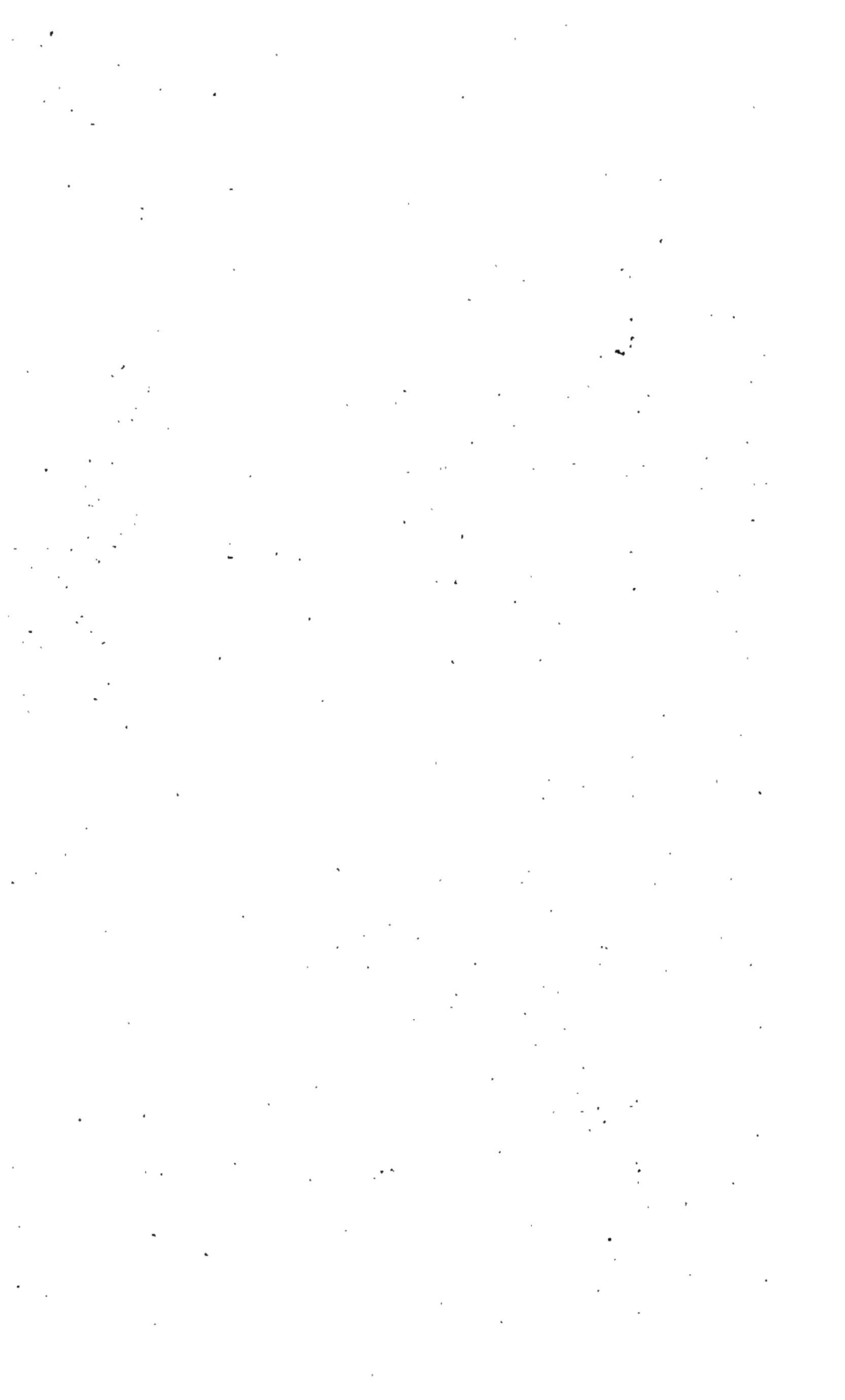

A M. PAUL LACROIX

(BIBLIOPHILE JACOB).

1

MON CHER BIBLIOPHILE,

Vous m'avez chargé de surveiller la réimpression de vos livres en Belgique; vous voulez absolument me considérer comme l'éditeur général de vos œuvres dans notre pays, et même comme une sorte de patron qui vous recommande. Auprès des lecteurs belges comme auprès des lecteurs français, vous n'avez besoin d'aucun autre patronage que de la notoriété de votre science historique et de votre talent littéraire.

Ce n'est pas tout : vous me pressez encore d'attacher par quelque préface mon nom inconnu à votre nom connu de toute l'Europe. Grand plaisir pour moi sans doute, mais peut-être aussi grande témérité. Qu'ai-je à dire après vous, dans le seul domaine qui soit de ma compétence, —et qui nous est commun à tous deux,— dans la bibliographie? Votre bibliophilie vraiment ne laisse guère à glaner à ma bibliomanie.

Cependant lorsque j'ai vu cette *Jeunesse de Molière*, où vous mettez en lumière la vie antérieure, si l'on peut ainsi dire, du grand auteur comique, la vie obscure qui précède sa vie illustre, qui la prépare aussi, et surtout qui l'explique, je n'ai pas su résister au désir de parler un peu théâtre.

Il y a toujours eu jusqu'à ces derniers temps une lacune qui embarrassait tous les biographes et commentateurs de Molière. Que d'années de sa vie nous étaient absolument inconnues! De la fin de ses études à l'établissement de l'Illustre-Théâtre, rien, ou si peu que rien. Encore ne savait-on pas même un peu exactement où et comment il avait étudié. De son début à l'Illustre-Théâtre jusqu'au début de sa troupe devant Louis XIV en 1658, tout était confus, dates embrouillées, faits controuvés; obscurité presque complète. Si bien que du petit tapissier en herbe, aimant déjà la comédie et allant avec son grand père à l'Hôtel de Bourgogne, on sautait presque tout à coup au directeur de troupe à Paris et à l'écrivain jouant lui-même les chefs-d'œuvre qu'il avait composés.

A quatorze ans il entre au collège des

Jésuites (depuis, collége Louis le Grand),
il y reste jusqu'en 1641. Mais de 1641 à
1645, que fait-il? En 1645, on le trouve à
l'Illustre-Théâtre, dirigé par les Béjart.
Mais de 1645 à 1650, puis de 1650 jusqu'en 1658, que fait-il? On signalait bien
son passage à Lyon, à Béziers, à Grenoble, à Avignon, et dans quelques autres
villes du Midi, mais sans pouvoir suivre
la longue odyssée de sa troupe ambulante. La formation du grand homme
restait insaisissable, et il ne commençait
à apparaître clairement qu'à la lumière du
Petit-Bourbon, et bientôt du Palais-Royal,
où les comédiens de province étaient enfin
devenus *Comédiens de Monsieur*.

Ce sont ces lacunes de la vie d'étudiant
d'abord, puis de la vie d'acteur vagabond,
qui ont été comblées récemment par vos
recherches surtout, et par celles de quelques autres dénicheurs de documents

précieux. Grâce à vous surtout, on peut restituer maintenant cette « jeunesse errante et agitée, » à laquelle sans doute Molière dut son génie si profondément humain.

Nous pouvons suivre maintenant l'écolier sortant du collége et allant faire son droit à Orléans, prenant ses grades de jurisconsulte, étudiant la théologie à Paris, puis, avec Gassendi, les sciences physiques, métaphysiques, mathématiques, et, avec ce spirituel sceptique, touchant en quelque sorte *le fin* de la philosophie.

Ah ! c'est donc cela que l'auteur comique a si bien raillé les juges, notaires et gens de loi, les apothicaires et préparateurs de drogues, les médecins et *formulateurs* d'ordonnances, les métaphysiciens et ergoteurs scholastiques ?

Et durant ce temps-là, au cours de ces études parmi les savants et les dialecti-

ciens, à quoi se plaisait le jeune Molière?
« Il fréquentait les comédiens et les
poëtes, » s'initiant aux passions et aux ca-
prices de cette société bigarrée, qui, à
toutes les époques, est la plus fantasque,
la plus originale, la plus engagée dans les
mystères de la vie.

Il fréquentait les comédiens, et les comédiennes aussi. C'est l'amour qui décide
de sa vocation : « Il ne se fit comédien,
dit Bayle, que pour être auprès d'une comédienne dont il était devenu amoureux. »
« Ce jeune garçon, dit Tallemant des
Réaux, quitte les bancs de la Sorbonne
pour suivre la Béjart. » La Béjart, il
l'aime, oui, et bien d'autres . il aime la
Duparc « éperdûment ; » il aime mademoiselle Menou. « Trois femmes à la
fois! »

Ah ! c'est donc cela que, dans les *farces*
de Molière, l'amour est toujours au fond

des situations les plus comiques, et qu'à
la satire se mêle toujours une si vive émo-
tion sur les ridicules ou les souffrances
de l'amour. Les plus bouffons de ses personnages, Arnolphe par exemple, ont
toujours de l'amour au cœur, malgré les
sermons de Chrysalde, les sarcasmes
d'Horace, les trahisons d'Agnès. Et dans
le *Misanthrope,* quelle mélancolie, et quel
sentiment profond de la fatalité de l'a-
mour :

> Elle a l'art de me plaire ;
> J'ai beau voir ses défauts et j'ai beau l'en blâmer,
> En dépit qu'on en ait, elle se fait aimer.

> . . . . . Ma raison me le dit chaque jour ;
> Mais *la raison n'est pas ce qui règle l'amour.*

Après cela, en compagnie de ces actrices galantes et de ces bohémiens indé-
pendants, le voilà qui court le monde, les
grandes villes et les petites villes, dres-

sant ses tréteaux devant tout public qui
aime à rire, menant l'existence que Scarron a si narquoisement peinte dans son
roman; le voilà qui s'essaie à improviser
lui-même un répertoire à sa troupe, mé-
ditant le jour, se grimant le soir; le voilà
aux États de Languedoc, faisant les délices du prince de Conti et des assemblées
de grands seigneurs. Là, il approche la
noblesse, après s'être mêlé à toutes les
classes du peuple et de la bourgeoisie au
travers de ses pérégrinations aventureu-
ses. Son éducation humaine, si l'on peut
ainsi dire, est presque achevée. Il a prati-
qué la vie dans tous ses détours, dans tous
ses passages obscurs et difficiles. Il ne lui
manque plus pour connaître son monde,
que de connaître la cour, la cour du « grand
roi, » du *soleil* qui est censé éclairer et ani-
mer la France. Attendez encore un peu,
et quand il aura vu la cour, il aura le naïf

courage de dire devant elle (dans le *Mi
santhrope*) :

> Je ne trouve partout que lâche flatterie,
> Qu'injustice, intérêt, trahison, fourberie.

Ce fut là le résumé de tout ce qu'il avait
appris dans sa pensive existence. Car on
peut considérer le *Misanthrope* comme le
testament de Molière.

Ce qui est remarquable dans le génie
de Molière, c'est l'universalité. Depuis les
paysans, les nourrices et les soubrettes
jusqu'aux marquis, en passant par les
bourgeois de toute volée, il les a peints
d'après nature, les uns et les autres,
parce que c'est l'homme qu'il a peint sous
les déguisements que la société impose.
Sganarelle, le *fagoteux* ivrogne et caustique, est aussi philosophe qu'Alceste ; les
Orgon, les Harpagon, Philinte le sage,

don Juan l'insensé, Dorine et Lisette, la bonne et spirituelle Henriette, Philaminte la précieuse, Agnès et Célimène, quels portraits divers, tous exprimés au vif. C'est surtout à dessiner les femmes que Molière excelle, et je ne crois pas qu'aucun auteur ait inventé autant de types féminins, si différents entr'eux. Les femmes de Racine sont des caractères traditionnels, Phèdre, Athalie, Iphigénie, que le tragique a interprétés par son génie.

Shakespeare seul a créé, autant que Molière peut-être, des caractères d'imagination, Ophélia, Juliette, Desdémone; encore celle-ci reste-t-elle dans l'ombre, comme il convient, d'ailleurs, au sujet; Ophélia et Juliette elles-mêmes ne sont point non plus au premier plan; et ces adorables fantômes ne font guère que glisser au milieu du sujet principal.

Toutes les femmes de Molière sont des

ressouvenirs de sa vie intime. Son génie est beaucoup dans son cœur. S'il connaît ainsi la nature humaine, c'est qu'il a beaucoup expérimenté, beaucoup lutté, et aussi beaucoup aimé. C'est en vivant qu'on apprend la vie. C'est en voyant qu'on apprend à peindre. On pourrait dire même que c'est en souffrant qu'on apprend à penser.

En général, les grands penseurs, les grands poëtes, les grands écrivains, les grands artistes, sont ceux qui ont beaucoup souffert, qui ont été roulés du haut en bas de la société. Chez vous, Corneille, Molière, Jean-Jacques Rousseau, et bien d'autres, dont les fronts heurtent le ciel, ont leurs racines parmi le peuple ; ils ont touché aux conditions les plus extrêmes ; ils ont été éprouvés par la douleur et même par la misère. Sans doute on peut citer des exceptions : le président de Mon-

tesquieu, le comte de Buffon, et autres
nobles écrivains, qui ont marqué dans la
politique, dans la science, en même temps
que dans le style; mais ce ne sont pas
ceux-ci qui ont pénétré au fond de l'âme
humaine. Ils ont opéré sur le non-moi,
comme on dirait en psychologie. Ils ont
pu élucider la législation, décrire magni-
fiquement le monde extérieur. Mais l'objet
de leurs études et de leurs découvertes ne
fut point, en général, l'homme même.

Et dans les autres pays de l'Europe,
quels sont encore les plus grands hommes?
En Italie, Dante proscrit et errant, Ma-
chiavel disgracié et pauvre, Tasse prisonnier et fou; dans la Péninsule ibérique,
Camoëns, mort de chagrin et de misère,
Cervantes, mort d'infirmités et de misère;
en Angleterre, Milton, aveugle et presque
abandonné, Shakespeare, le bohémien
qui vagabonde d'abord autour des théâtres

et des tavernes, se fait comédien comme
Molière, et comme Molière prend enfin sa
place légitime en tête des grands hommes
de tous les pays.

La contemplation de la vie de Molière
et des autres créateurs immortels a toujours fait naître aussi en moi cette ré-
flexion, que les auteurs de premier ordre
dans toutes les langues n'ont presque
jamais été par profession *gens de lettres*
comme on dit aujourd'hui. Il me semble
même que cette profession de gens de
lettres, exclusive de tout autre métier, de
toute autre occupation sociale, n'est pas
si favorable qu'on le croirait à la pro-
duction du génie, et qu'elle ne se montre même qu'aux époques de décadence.
Cherchez dans l'histoire. Ce serait un beau
thème pour une dissertation historique
comme vous savez les faire. Peut-être

trouveriez-vous que les grands historiens,
les grands politiques, qui ont laissé des
livres durables, étaient d'habitude des
hommes d'État, des guerriers, des mi-
nistres, occupant de hautes charges dans
la direction des affaires de leur temps;
les grands jurisconsultes, occupant de
hautes charges dans la magistrature; les
grands théologiens, de hautes charges
dans l'Église; les linguistes et les bibliographes, dans les bibliothèques; les savants, les critiques, les littérateurs, dans
les académies publiques, les universités,
le professorat.

Mais direz-vous peut-être :—cela se con-
çoit pour la narration des affaires publiques
ou pour les spécialités du travail intellec-
tuel; mais la littérature proprement dite,
la poésie et l'imagination, l'art littéraire
enfin, constituent une vocation spéciale qui
détourne de toute autre fonction, et qui

exige l'emploi permanent de toutes les facultés. C'est à peine si la vie suffit à former un artiste littéraire, si le temps suffit à produire ce que l'esprit a conçu.

Voyons :

Molière, ce grand homme dont nous parlons ici, il est comédien d'abord, auteur ensuite; auteur peut-être et grand auteur *parce que* comédien. C'est en pratiquant le théâtre qu'il a conquis peut-être sa supériorité, réserve faite assurément de son génie natif.

Pour Shakespeare, même remarque.

Ce sont là cependant les deux génies les plus complets, fond et forme, dans l'art dramatique.

Et celui que vous aimez tant — le père aux autres — Rabelais, — un curé !

Et celui que vous n'aimez pas tant que Voltaire, je suppose, mais qui néanmoins lui fait pendant à la même hauteur dans

la galerie de vos grands écrivains du
XVIIIe siècle, Rousseau, — un copiste
de musique, après avoir été instituteur,
et même valet!

Et celui qui a fait *Don Quichotte*, Cervantes, — un soldat!

Et celui qui a créé la langue alle-
mande, outre qu'il a fait la Réformation,
Luther, — un moine!

Et parmi vos contemporains, les plus
haut placés comme historiens, comme
philosophes, comme littérateurs, sont-ils
purs gens de lettres? Non, ce sont des
hommes d'État, des diplomates, des pro-
fesseurs ; c'est en pratiquant la politique
qu'ils se sont initiés à l'histoire ; c'est en
enseignant par la parole la science, la
philosophie, les lettres, qu'ils ont fait
leurs livres et pris rang eux-mêmes parmi
les écrivain illustres.

La pléïade de vos gens de lettres par

profession ne vient qu'en seconde ligne ; et, comme ils restent étrangers à toute réalité sociale, ils sont arrivés à ne plus faire qu'une sorte de littérature en l'air, qui n'a aucune profondeur, et même plus de base. Cette littérature volante qui flotte au hasard aurait besoin de reprendre terre et de se reposer un peu au milieu des hommes.

Vous, mon cher bibliophile, qui avez toujours appuyé vos inventions sur un fond historique et solide, vous me pardonnerez cette critique des tendances littéraires de votre France actuelle. Je n'ai point l'intention de demander le bannissement des poëtes hors de la République ; bien au contraire. Ceux qui s'adonnent aux lettres qu'ils y joignent ou non un travail parallèle, seront toujours la véritable noblesse des pays libres. Et la France certaine ment pour la gloire littéraire n'a rien à envier à quelque peuple que ce soit. Molière, dont vous nous racontez ici la jeunesse, n'a son pareil dans aucune littérature de l'Europe. On serait même embarrassé de trouver son égal, si ce n'est Shakespeare, avec un génie très-différent. Comptez donc que votre jeune comédien aura grand succès par chez nous et que nous applaudirons en lui l'incomparable auteur des *Femmes Savantes*, de *l'École des Femmes*, du *Tartuffe* et du *Misanthrope*.

FÉLIX DELHASSE.

Bruxelles, 15 janvier 1856.

(254ᵉ anniversaire de la naissance de Molière, 1622.)

PRÉFACE DE L'AUTEUR.

M. J. Taschereau a écrit une *Histoire de la
vie et des ouvrages de Molière*, qu'il n'a cessé
d'augmenter et de perfectionner dans trois
éditions différentes; la troisième, publiée en
1844 (*Paris, Hetzel*, in-12 de IV et 316 pages),
comme un hommage à la mémoire du grand
comique, au moment même où l'on inaugurait
le premier monument que Paris lui ait élevé
sur l'emplacement de la maison où il mourut
en 1673.

Cette troisième édition ne sera certainement pas la dernière, et l'auteur, que l'on sait
passionné pour son sujet, s'empressera d'en-
richir son ouvrage, déjà si précieux, des nouvelles découvertes biographiques qui pour-

ront résulter d'un heureux hasard ou d'une
étude patiemment dirigée dans ce but.

Déjà, M. Bazin, dans deux excellentes dissertations qui ne sont, pour ainsi dire, que le
sommaire méthodique de ses savantes recherches, a éclairci plusieurs points obscurs de la
vie de Molière, soit à l'aide de la chronologie
et du rapprochement des dates, soit avec l'au-
torité de documents négligés ou inconnus jusqu'alors.

Ces deux dissertations, pleines de faits neufs
et de critique ingénieuse, signalent et recti-
fient bien des erreurs qui avaient échappé
aux biographes de Molière et qui s'appuyaient
la plupart sur une tradition non interrompue.

Mais nous reprocherons à M. Bazin d'avoir
récusé d'une manière trop absolue le témoignage de Grimarest, le premier historien de
Molière, et de s'être attaché en quelque sorte
à prouver que Grimarest, décrié par Boileau
et par Voltaire, ne méritait pas d'être réhabi-
lité par M. Taschereau, qui l'avait suivi presque fidèlement dans l'*Histoire de la vie et des
ouvrages de Molière*, et par M. Aimé-Martin,
qui l'avait réimprimé textuellement avec des
notes en tête de trois éditions des OEuvres
de Molière.

Notre intention n'est pourtant pas ici de défendre Grimarest et de démontrer, à notre tour, tout ce que renferme de renseignements utiles, de détails précis et de révélations piquantes, un livre composé, pour ainsi dire, d'après les notes de Baron, l'élève et l'ami de Molière, et avec les réminiscences des contemporains; notre intention est encore moins d'infirmer la valeur de la préface de l'édition des Œuvres de Molière, donnée en 1682, neuf ans après sa mort, par son camarade Lagrange et son ami Vinot; le livre de Grimarest ne s'éloigne pas tellement de cette préface qu'on ne puisse admettre l'une sans repousser l'autre; nous trouvons, au contraire, beaucoup d'analogie entre les deux récits, à la différence près de l'étendue et de la forme.

Ainsi, lorsque Boileau écrit à Brossette : « Pour ce qui est de la *Vie de Molière*, franchement ce n'est pas un ouvrage qui mérite qu'on en parle : il est fait par un homme qui ne savait rien de la vie de Molière et il se trompe dans tout, ne sachant pas même les faits que tout le monde sait, » nous reconnaissons là le vieux satirique chagrin et irascible, qui ne pardonne pas à Grimarest d'avoir travaillé sans le consulter et surtout sans le louer à tout propos.

Quant à Voltaire, il n'avait garde de faire l'éloge d'un ouvrage qu'il se proposait de copier en l'abrégeant et en déguisant son plagiat sous un style qui n'appartenait pas du moins au pauvre Grimarest.

Notre opinion à l'égard de cette *Vie de Molière*, trop méprisée ou trop estimée, se rapprochera donc beaucoup de celle de Brossette qui écrivait à Boileau en 1706 : « Cet ouvrage n'est pas trop bien écrit, à mon avis, et il y manque bien des choses : c'est moins la vie de Molière que l'histoire de ses comédies; une deuxième édition, corrigée pour le style et augmentée pour les faits, serait bien agréable. »

Voilà ce que Brossette voulait faire, voilà ce que M. Taschereau a fait, et nous lui en savons tant de gré, que nous cherchons à compléter son œuvre, en glanant çà et là quelques faits qui s'y rapportent et qui n'avaient jamais été recueillis ou expliqués.

Décembre 1851.

LA

JEUNESSE DE MOLIÈRE.

I

Il n'y a plus rien à dire sur l'époque et sur
le lieu de la naissance de Jean-Baptiste
Poquelin : la découverte de son extrait de
baptême dans les registres de la paroisse
Saint-Eustache ne permet plus de douter que
ce Poquelin, qui devait être Molière, ne soit
né le 15 ou plutôt le 14 janvier 1622 (le baptême avait lieu ordinairement le lendemain
de la naissance).

On sait de plus, grâce aux persévérantes

recherches de Beffara, qu'il naquit, non sous les piliers des Halles, comme la tradition l'avait constamment répété, mais dans une maison de la rue Saint-Honoré, connue sous le nom de *Maison des Singes*, au coin de la rue des Vieilles-Étuves.

Quant à l'origine et à la persistance de cette tradition qui semble vouloir perpétuer encore l'inscription placée en 1799 sur la façade de la maison n° 3 de la rue de la Tonnellerie, il suffit de rappeler que plusieurs Poquelin, marchands, bourgeois de Paris, avaient eu leurs boutiques sous les piliers des Halles depuis la fin du xvie siècle, et que le père de Molière, y ayant transporté lui-même son magasin en 1657, avec son enseigne de *Tapissier valet de chambre du roi*, habita jusqu'à sa mort, arrivée en 1669, cette maison de la rue de la Tonnellerie où son fils n'était pas né et n'avait peut-être jamais demeuré.

Le jeune Poquelin, au retour de ses pérégrinations dramatiques en 1659, eut bientôt cette immense notoriété que procurent les succès de théâtre, et le public qu'il avait fait rire sur la scène ne passait pas devant la boutique de son père, sans regarder l'enseigne et sans dire tout haut : « Voici la maison de l'auteur des *Précieuses ridicules* et de *Sganarelle*. »

Jean-Baptiste Poquelin, fils aîné de Jean Poquelin et de Marie Cressé, devait succéder à son père comme tapissier valet de chambre du roi ; il n'avait que quinze ans, en 1637, lorsque la survivance de cette charge, qui était depuis longtemps dans sa famille, lui fut assurée par faveur spéciale.

Il n'en continuait pas moins ses études au collége de Clermont, depuis Louis-le-Grand, dont il ne sortit qu'à l'âge de dix-huit ans. La comédie d'*Elmire hypocondre*, par Le Boulanger de Chalussay, lui fait dire formellement :

> ... En quarante et quelque peu devant,
> Je sortis du collége et j'en sortis savant.

Dans l'intervalle de quatre ou cinq ans, 1641 à 1645, suivant les témoignages divers et non contradictoires de Lagrange, de Grimarest, de Le Boulanger de Chalussay, de Tallemant des Réaux, etc., il étudia le droit à Orléans, la théologie et la philosophie à Paris ; il fut reçu avocat et suivit le barreau pendant cinq ou six mois.

Il n'en profita pas moins des leçons du célèbre Gassendi, qui l'avait admis au nombre de ses élèves particuliers, jeunes gens de grande espérance, qu'il s'était chargé d'initier aux sciences physiques, métaphysiques et mathématiques.

Jean-Baptiste Poquelin resta l'ami de ses compagnons d'étude qui étaient à peu près de son âge, à l'exception du prince de Conti, Armand de Bourbon, qu'il avait connu enfant au collége des Jésuites, et qu'il ne perdit de vue qu'en montant sur le théâtre en 1645.

Les noms des élèves de Gassendi devaient se distinguer dans les lettres plus que dans la philosophie : les poëtes Chapelle, Bachaumont, Hesnaut, Cyrano de Bergerac, et surtout Molière, ne se piquèrent pas de continuer l'œuvre de leur maître ; mais ils semblèrent vouloir justifier l'observation de Gassendi, qui « disait d'ordinaire que, dans le monde, la part des gens de lettres était la meilleure, parce qu'ils n'avaient pas le loisir de s'ennuyer ni même de se plaindre de tout ce qui afflige les autres jusqu'au fond de l'âme.»

Cette fine observation, que l'abbé de Marolles nous a conservée, est sans doute revenue plus d'une fois à l'esprit de Molière dans le cours de sa jeunesse errante et agitée.

François Bernier et Samuel Sorbière se souvinrent davantage du système philosophique de Gassendi qui n'était pas du tout l'ennemi des poëtes et qui aimait trop les belles-lettres pour ne pas les faire aimer à ses disciples. « Il avait l'esprit agréable et doux, dit l'abbé de Marolles dans ses Mémoires ; sa conversation était aisée et rendait claires les choses les plus obscures, non tant par la netteté de l'expression, qu'il avait fort belle, que par la force et la solidité de ses raisons. » Gassendi savait par cœur une infinité de vers latins et français, qu'il récitait sans cesse en se promenant. « Les belles poésies qu'on apprend et qu'on récite souvent, disait-il à ses élèves, entretiennent l'esprit dans une certaine élévation qui ennoblit le style de ceux qui écrivent et inspire de grands sentiments. » C'est Bernier qui, dans la préface de son *Abrégé de la philosophie de Gassendi*, rapporte ces paroles de son maître, que Jean-Baptiste Poquelin n'avait pas entendues sans en faire son profit.

Le jeune poëte, qui s'était révélé à la lecture du poëme de *Lucrèce*, resta toujours philosophe.

Pendant qu'il étudiait à la fois le droit, la théologie et la philosophie, son goût pour le théâtre eut occasion de naître et de se développer.

Paris possédait alors deux troupes fixes de comédiens qui exploitaient les théâtres du Marais et de l'hôtel de Bourgogne. Celui-ci avait remplacé l'ancien théâtre de l'hôpital de la Trinité, fondé par les confrères de la Passion dès le xv° siècle.

Cette confrérie dramatique, la première qui ait existé en France, s'était installée, à partir du milieu du xvi° siècle, dans l'hôtel de Bourgogne, antérieurement hôtel d'Artois, situé rue Mauconseil, et elle avait gardé son nom, ainsi que ses statuts, jusqu'au temps de Henri IV ; car Jacques de Fonteny, auteur et acteur, s'intitulait encore *confrère de la Passion*. Les attributs de la confrérie, c'est-à-dire les instruments de la Passion de Jésus-Christ, étaient figurés au-dessus de la grande porte de l'hôtel de Bourgogne, dans le siècle dernier, lorsque la comédie italienne se fut emparée de cette vieille salle, qui avait vu applaudir Turlupin, Gautier-Garguille, Gros-Guillaume et Guillot-Gorju.

Les trois premiers étaient morts sans doute lorsque Jean-Baptiste Poquelin put assister aux représentations de l'hôtel de Bourgogne ; mais le quatrième, qui ne mourut qu'en 1648, exerça inconstestablement une certaine influence sur la vocation et sur le talent du jeune élève de Gassendi.

Guillot-Gorju, dont le véritable nom était Bertrand Harduin de Saint-Jacques et qui appartenait à une famille honorable, fut destiné d'abord à la profession de médecin et envoyé à Montpellier pour s'y instruire dans cette profession, où plusieurs de ses parents s'étaient distingués. « Mais, dit Sauval dans ses *Antiquités de Paris*, ayant été reçu apothicaire, les clystères qu'il lui fallait donner le rebutèrent si fort, qu'il quitta tout là. »

Il devint comédien, « et, ajoute Sauval, comme il avait étudié en médecine, son personnage ordinaire sur le théâtre était de contrefaire le médecin ridicule, qu'il représentait si bien, que les médecins eux-mêmes étaient contraints de rire... Il avait une mémoire si heureuse, que tantôt il nommait tous les simples les uns après les autres, tantôt toutes les drogues des apothicaires... »

C'était, du reste, un grand homme noir et fort laid, aux yeux enfoncés et au nez de *pompette*, rouge et bourgeonné; il portait une grosse perruque et ne ressemblait pas mal à un singe; néanmoins, il jouait en masque, sans doute par condescendance pour sa famille.

On doit présumer que cet archétype des médecins ridicules et ignorants laissa dans l'esprit de Jean-Baptiste Poquelin une prévention défavorable contre les médecins en général, et lui fournit plus tard quelques traits comiques pour les personnages de Purgon et de Diafoirus.

Le théâtre du Marais, fondé en 1600 à l'hôtel d'Argent, situé au coin de la rue de la Poterie, près de la Grève, avait été transporté dans un jeu de paume de la rue Vieille-du-Temple, où il subsista jusqu'en 1673. Ce théâtre payait une redevance journalière à celui de l'hôtel de Bourgogne, qui lui enviait quelquefois ses acteurs et son répertoire.

Le jeune Poquelin put y voir d'Orgemont, que Sauval cite comme « le meilleur comédien de la troupe du Marais. »

Ce d'Orgemont, qui avait épousé la veuve de Turlupin, eut pour successeur Josias de Soulas, dit Floridor, que la troupe ne posséda pas longtemps. Cette troupe, à qui le roi ne faisait aucune pension, jouait tous les genres et même des pièces à machine, mêlées de musique; mais ses représentations étaient si peu suivies, que les acteurs se dégoûtaient bientôt de cet abandon et passaient à l'hôtel de Bourgogne, ou recommençaient à courir la province.

Parmi les acteurs qui composaient, en 1664, la troupe de l'hôtel de Bourgogne, et qui avaient chacun leur caractère original dans le tragique ou dans le comique, on remarquait Pierre Lemessier, dit Bellerose ; Bellemore, dit *le capitan Matamore* ; Villiers, dit *Philippin* ; Julien Joffrin, dit *Jodelet*, et le fameux Mondory.

Tristan l'Hermite, dans l'avertissement de sa tragédie de *Panthée*, juge ainsi le talent de Mondory : « Jamais homme ne parut avec plus de grandeur sur la scène ; il s'y fait voir tout plein de la grandeur des passions qu'il représente, et, comme il en est préoccupé lui-même, il imprime fortement dans les esprits tous les sentiments qu'il exprime. Les changements de son visage semblent venir des mouvements de son cœur, et les justes nuances de sa parole et la bienséance de ses actions *(gestes)* forment un concert admirable qui ravit tous ses spectateurs. »

Ce fut surtout dans les tragédies de Pierre Corneille que Mondory acquit sa réputation de grand comédien, et l'on comprend que Molière se soit d'abord proposé ces deux modèles comme auteur et comme acteur.

Son premier rôle a été certainement un rôle tragique, sa première pièce une tragédie.

On n'a pourtant qu'une tradition vague sur cette tragédie de la *Thébaïde*, qu'il avait composée, et qu'il fit représenter, deux ou trois ans plus tard, à Bordeaux, devant le duc d'Épernon, gouverneur de la Guyenne. Mais ses liaisons avec quelques poëtes tragiques contemporains, tels que Beys, Magnon, Guérin de Bouscal, de Prades, les deux Tristan l'Hermite, ne nous laissent pas de doute sur ses sympathies pour le genre tragique.

Il faut néanmoins attribuer à l'amour plutôt qu'à toute autre cause son entrée dans la carrière du théâtre.

Tallemant des Réaux, qui aimait la médisance autant que la vérité, et qui était toujours si bien instruit par l'écho des ruelles, vit Molière se produire sur la scène et consigna ce fait sur ses tablettes, en ces termes : « Un jeune garçon, nommé Molière, quitta les bancs de la Sorbonne pour suivre la Béjart ; il en fut longtemps amoureux, donnait des avis à sa troupe et enfin s'en mit. »

Bayle, dont l'esprit caustique et curieux a tant d'analogie avec celui de Tallemant des Réaux, s'était renseigné aux mêmes sources que ce dernier ; car dans son *Dictionnaire*, après avoir cité par extrait la préface biographique de l'édition des œuvres de Molière, publiée par Lagrange et Vinot en 1682, il ajoute : « On n'y a point rapporté un fait que bien des gens m'ont assuré : c'est qu'il ne se fit comédien que pour être auprès d'une comédienne dont il était devenu amoureux. »

Bayle et Tallemant des Réaux sont donc d'accord sur un fait, très-vraisemblable d'ailleurs, qui décida de la destinée de Molière.

II

Madeleine Béjart, fille de Joseph Béjart,
procureur au Châtelet de Paris, ensuite huis-
sier du roi ès-eaux et forêts, et de Marie Hervé,
sa femme, était, à cette époque, *la meilleure
actrice de toutes*, à en croire Tallemant des
Réaux. Elle avait commencé à se faire connaître dans une troupe de campagne, qui s'é-
tait montrée en Languedoc dès l'année 1642,
et qui obtint assez de succès en exploitant
la province et en jouant la comédie de ville

en ville, pour oser venir à Paris rivaliser
avec les théâtres du Marais et de l'hôtel de
Bourgogne.

On ne sait pas positivement quelle était la
composition de cette troupe ambulante ; mais
on est autorisé à croire que Jean-Baptiste
Tristan l'Hermite, sieur de Vozelle, ou Vauselle, frère du poëte François-Tristan l'Hermite, sieur de Souliers, et poëte lui-même, en
faisait partie, ainsi qu'un autre poëte, Charles Beys ; une sœur des frères l'Hermite,
nommée Madeleine ; une sœur cadette de la
Béjart, nommée Geneviève, et leur frère
aîné, Jacques.

Madeleine Béjart, à peine âgée de dix-neuf
ans, avait rencontré, soit à Paris, soit en
Provence ou en Languedoc, un jeune seigneur du comtat Venaissin, attaché, dès l'en-
fance, à la maison de Gaston d'Orléans, frère
de Louis XIII, et aussi ami du plaisir que l'é-
tait son maître. Esprit de Raymond de Mor-
moiron, baron de Modène, qui devait être veuf
alors, et qui n'avait pas sans doute d'autre re-
venu que sa pension de gentilhomme ordinaire de Monsieur (car le comte de Modène,

son père, vivait encore), s'éprit de Madeleine Béjart et ne la trouva pas insensible. La naissance d'une fille naturelle vint fortifier cette liaison illégitime, qui reposait probablement sur une promesse de mariage, et qui avait une espèce de notoriété avouée ; car le baron de Modène reconnut sa fille, née le samedi 3 juillet 1638, et la fit baptiser, sous le nom de Françoise, à Saint-Eustache, le dimanche 11 du même mois : le parrain fut son propre fils, Gaston-Jean-Baptiste de Raymond, âgé de huit ans, représenté par Jean-Baptiste Tristan l'Hermite, sieur de Vauselle; la marraine fut Marie Hervé, femme Béjart, mère de l'accouchée.

Cet acte de baptême a été découvert, comme on sait, par Beffara.

En 1638, le baron de Modène vivait donc ostensiblement à Paris avec Madeleine Béjart, puisque le sieur de Vauselle, attaché comme lui à la maison de Gaston d'Orléans, représentait le fils de son ami, lequel, pour ajouter un nouveau lien aux relations de la comédienne avec le chambellan du frère du roi, avait été choisi exprès pour parrain de l'enfant.

Il nous paraît certain que, lors de ce baptême, le baron de Modène n'était pas remarié
avec Madeleine de l'Hermite ou Tristan l'Hermite ; autrement, le frère de celle-ci n'eût
pas consenti à prêter les mains à la reconnaissance d'une fille naturelle de son beau-
frère. Ce ne fut que plus tard que le baron de
Modène épousa cette Madeleine de l'Hermite,
qui, selon toute apparence, avait figuré avec
son frère dans la troupe de campagne où la
Béjart et quelques-uns de ses frères et sœurs
jouaient aussi la comédie. Sans doute, Madeleine de l'Hermite était noble, fille d'un gentilhomme ordinaire du roi et de Marie Courtin
de la Dehors; ses deux frères, François et
Jean-Baptiste, s'intitulaient, l'un chevalier et
l'autre écuyer; l'aîné était gentilhomme
ordinaire de Monsieur; le second, page ou
pensionnaire du même prince; tous deux,
prenant des noms de seigneuries qu'ils ne
possédaient plus, prétendaient descendre du
grand-prévôt de Louis XI; mais ces descen-
dants du terrible Tristan l'Hermite n'avaient
pas d'autre fortune que cette généalogie,
assez peu authentique, dont ils étaient si fiers,

et les *gages* ou pensions qu'ils touchaient fort irrégulièrement dans la maison de Gaston d'Orléans. C'était la condition d'une foule de nobles suivant la cour, espèces de parasites, porteurs de grands noms, de grandes rapières et de grandes moustaches, vivant aux dépens des princes qu'ils servaient sous des titres plus ou moins pompeux.

On peut, sans faire injure aux deux Tristan l'Hermite, dont l'aîné ne laissa pas de quoi se faire enterrer, et dont le second fut comédien et faussaire en généalogies, on peut supposer que leur sœur était aussi comédienne, et que, devenue rivale de Madeleine Béjart, elle eut l'habileté de se faire épouser par le baron de Modène.

Ce mariage eut lieu certainement, quoiqu'on en ignore l'époque; mais il n'enchaîna pas longtemps l'amant de Madeleine Béjart, qui se trouva veuf une seconde fois, et retourna aussitôt à son ancienne maîtresse.

La jalousie, le dépit, l'avaient peut-être éloigné de celle-ci, qui menait une conduite très-légère, si l'on s'en rapporte à l'auteur de la *Fameuse comédienne*; et cet auteur, quel

qu'il soit, paraît trop bien instruit pour que
nous récusions ici son témoignage. « La Béjart, dit-il, faisait la bonne fortune de quantité de jeunes gens du Languedoc. » Cependant, comme elle était fort belle, spirituelle
et astucieuse, elle conserva toujours beaucoup d'empire sur le baron de Modène, qui
fut son amant en titre jusqu'en 1645.

La cour de Gaston d'Orléans avait été une
école de plaisir pour tous les gentilshommes
qui y firent leur apprentissage : le baron de
Modène n'était pas resté le dernier à se perfectionner dans l'art de la galanterie. Doué
de beaucoup d'esprit naturel, il trouva cent
moyens et cent occasions de le faire briller
dans les assemblées, dans les fêtes, dans les
ballets, dans les mascarades, qui se succé-
daient sans interruption chez Gaston d'Orléans.

Ce prince avait une passion prédominante
pour le théâtre et pour les divertissements
qui s'y rapportent; il dansait, il chantait lui-
même dans les ballets comiques et souvent
obscènes que lui préparaient ses poëtes et
ses musiciens. Le baron de Modène ne se

contenta donc pas de composer des vers de ballet, il dansa et chanta avec le prince; il joua peut-être au Palais-Royal et au Luxembourg des rôles de comédie, après avoir fait des pièces tragiques ou comiques, à l'exemple et à l'instigation de ses amis François et Jean-Basptiste Tristan l'Hermite. On comprend qu'il n'avait aucune répugnance à se trouver dans la compagnie des comédiens de profession, et l'on peut dire que cette compagnie lui offrait autant d'agrément que celle des dames et des seigneurs de la cour.

Ce fut derrière les coulisses d'un théâtre, et sous les auspices d'une comédienne, que Jean-Baptiste Poquelin fit connaissance avec le baron de Modène.

Cette connaissance, qui amena presque aussitôt entre eux une estime et une amitié réciproques, date de l'époque où Jean-Baptiste Poquelin devint amoureux de Madeleine Béjart, c'est-à-dire en 1644 ou 1645, lorsque cette comédienne de campagne essaya d'établir sa troupe à Paris.

La Béjart, maîtresse avouée du baron de Modène, et liée avec beaucoup de seigneurs de la cour qui avaient été ses *esclaves*, selon le langage *précieux* du temps, tenait *ruelle* et réunissait, autour de son lit de parade, une espèce de bureau d'esprit, comme la plupart des femmes à la mode, qu'on qualifiait alors de *précieuses*, en donnant à ce titre l'acception la plus flatteuse et la plus honorable.

Ce fut certainement dans ce bureau d'esprit que la Béjart, pour se donner des airs de précieuse accomplie, prit un nom de roman, celui de *Gresaindre* ou *Grésinde*, qu'elle devait bientôt transmettre à une fille naturelle, qu'il ne faut pas confondre avec la première, née en 1638.

Le choix d'un nom romanesque était la condition indispensable de la préciosité, et le sieur de Somaize, dans son *Grand dictionnaire des Précieuses*, a rassemblé tous les noms de ce genre que s'étaient donnés ses contemporaines et que leur avaient confirmés les ruelles. Entre tous ces noms, empruntés aux romans et aux pièces du théâtre, on ne trouve pas celui de *Grésinde*, et nous ne l'avons découvert que dans un roman attribué

à Louise-Marguerite de Lorraine, princesse
de Conti, qui avait en quelque sorte mis en
vogue les noms déguisés, avec son *Histoire
des amours du grand Alcandre*, où la chro-
nique galante et scandaleuse de la cour de
Henri IV n'a pas d'autre voile que ces pseu-
donymes imaginés par l'auteur.

Il est permis de rapporter à l'origine du
nom de *Grésinde*, pris par la Béjart, celui de
Molière que Jean-Baptiste Poquelin se donna,
dès l'année 1645, en paraissant sur le
théâtre.

Le jeune philosophe, introduit dans une
ruelle que l'influence de l'*Astrée*, ou plutôt
des romans espagnols, avait déjà envahie, ne
pouvait conserver son nom bourgeois de Poquelin, qui ne s'était fait connaître que par
des enseignes de marchand. Quelque circon-
stance, inappréciable aujourd'hui, et sans
doute essentiellement fugitive, attribua donc
le surnom de *Molière* à Jean-Baptiste Poquelin, qui ne le quitta plus après l'avoir rendu
célèbre.

C'était le nom d'un poëte, d'un romancier,
dont la gloire posthume était, à ce moment

même, dans tout son éclat. François de Molière, sieur d'Essertines, mort assassiné en 1623, auteur de la *Semaine amoureuse*, qu'il avait publiée de son vivant, laissa un autre roman, *Polixène*, qui ne parut que neuf ans après sa mort, et qui eut un immense succès. Ce succès fut tel, que deux ou trois continuateurs essayèrent de finir son ouvrage : l'un d'eux, le sieur de Pomeray, se nomma en publiant la suite et la conclusion de la *Polixène*; mais on ignore encore à quel écrivain est due la *Vraie suite de Polixène*, publiée deux ans plus tard, en 1634.

Ce fut donc le nom de l'auteur de *Polixène* que choisit le nouvel adorateur de la Béjart, et nous ne serions pas éloignés de croire que la tragédie de *Polixène*, dont Moréri, Léris, Voltaire et d'autres ont parlé par ouï-dire, sans pouvoir la produire, puisqu'elle n'a jamais été imprimée, « et dont l'auteur était un comédien, » fut un des premiers essais de la muse naissante de Jean-Baptiste Poquelin. Son surnom de *Molière* serait, en ce cas, la conséquence toute simple de cette tragédie ou tragi-comédie, tirée du roman du véritable Molière.

Quant au nom de Grésinde, que Madeleine Béjart avait pris ou reçu, il est évidemment espagnol ou portugais, comme ceux de *Lucinde*, de *Dammalinde*, d'*Alinde*, etc., qui se trouvent dans les romans empruntés aux littératures du Portugal et de l'Espagne.

La Béjart avait donc ouvert à Paris un troisième théâtre, où sa troupe de campagne, augmentée de quelques acteurs recrutés dans sa famille et dans son entourage bourgeois, joua pendant tout le cours de l'année 1645, non-seulement les pièces des répertoires de l'hôtel de Bourgogne et du théâtre du Marais, mais encore des pièces faites spécialement pour cette nouvelle scène, fondée sous le nom de l'*Illustre-Théâtre*. Une seule de ces pièces, l'*Artaxerce* de Magnon, porte sur son titre l'irrécusable témoignage de son origine ; mais on est autorisé à croire que d'autres auteurs, notamment Beys, Guérin de Bouscal, Royer, sieur de Prades, et peut-être Jean-Baptiste Poquelin lui-même, confièrent à la troupe de la Béjart le sort de plusieurs tragédies et comédies.

Ce fut alors que parut dans cette troupe Jean-Baptiste Poquelin, âgé de vingt-trois ans, avec le surnom de Molière.

III

Notre savant ami Paulin Paris a, le premier, découvert le nom de *Molière*, avec la date de 1645 et la qualification de comédien, dans un recueil tellement oublié, que les bibliographes ne l'ont pas cité, et tellement rare, que nous ne l'avons pas déterré à la Bibliothèque nationale.

Ce *Recueil de diverses poésies*, publié à Paris chez Toussaint du Bray, en 1646, contient des stances déjà signalées par M. Bazin, stances anonymes dont l'auteur était certainement un comédien de la Béjart, sans doute Charles Beys, et qui furent adressées « à monseigneur le duc de Guise sur les présents qu'il a faits de ses habits aux comédiens de toutes les troupes. » Voici deux strophes de cette pièce :

> Grand prince, de quelques côtés
> Qu'on se tourne sur les théâtres,
> Partout tes libéralités
> Vont rendre les yeux idolâtres ;
> Dedans le Marais, Floridor
> Éblouira chacun de l'or
> Dont son habillement éclate,
> Et dedans le Petit-Bourbon,
> Le lustre de ton écarlate
> Rendra le Capitau beaucoup plus fanfaron.

> Déjà, dans la troupe Royale,
> Beauchâteau, devenu plus vain,
> S'impatiente s'il n'étale
> Le présent qu'il a de ta main.
> La *Béjart, Beys* et *Molière,*
> Brillants de pareille lumière,
> N'en paraissent plus orgueilleux,
> Et depuis cette gloire extrême,
> Je n'ose plus m'approcher d'eux,
> Si ta rare bonté ne me pare de même.

Ces vers, qui pourraient donner lieu à de longs commentaires, présentent quelque obscurité dans la désignation des troupes : le théâtre du Marais est nommé ; la *troupe royale* doit s'entendre de l'hôtel de Bourgogne ; le théâtre du Petit-Bourbon, situé dans l'hôtel de ce nom, vis-à-vis le cloître de Saint-Germain-l'Auxerrois, était occupé, à cette époque, par une troupe italienne dans laquelle se trouvaient l'*Arlequin* Dominique Biancolelli et le *Scaramouche* Tiberio Fiorelli, cet excellent mime qui donna des leçons à Molière ; mais il paraît qu'une troupe française, détachée sans doute de celle du Marais, où figurait le capitan Matamore, venait jouer sur le théâtre du Petit-Bourbon, lorsque les Italiens n'y jouaient pas.

Quant à l'Illustre-Théâtre, il n'est indiqué dans les stances que par les noms de ses trois principaux acteurs, la Béjart, Beys et Molière.

Cette pièce de vers est le seul document contemporain qui prouve que Molière avait paru sur la scène en 1645, non plus comme un comédien-amateur, mais comme un comédien de profession.

L'existence de l'Illustre-Théâtre n'est constatée d'ailleurs que par la tradition, par la préface de Lagrange et par des notes manuscrites d'un sieur de Trallage, conservées jadis dans la bibliothèque de l'abbaye de Saint-Victor, et recueillies par les frères Parfaict dans leur *Histoire du Théâtre-Français*.

Ce théâtre s'ouvrit d'abord sur les fossés de la porte de Nesle, c'est-à-dire dans un jeu de paume que l'on voyait encore il y a vingt-cinq ans, rue Mazarine, à l'endroit même où fut percé le passage du Pont-Neuf.

Les jeux de paume, à cette époque, étaient bien souvent transformés en salles de spectacle.

La situation de la salle où s'était installée la troupe de Béjart ne lui fut pas avantageuse, quoique le quartier de l'Université et du Pré aux-Clercs ne possédât aucun autre théâtre, et ces comédiens nomades ne tardèrent pas à émigrer, pour tenter la fortune, au port Saint-Paul.

Leurs représentations n'étant pas plus suivies, ils repassèrent la rivière et revinrent au faubourg Saint-Germain, rue de Bussy, où le jeu de paume de la Croix-Blanche fut témoin de leur dernier et infructueux essai, après lequel ils quittèrent la capitale.

La Béjart s'était fait surtout dès lors la réputation de bonne comédienne, et son souvenir avait survécu à son passage, onze ou douze ans plus tard. « Elle a joué à Paris, dit Tallemant des Réaux, qui écrivait ses *Historiettes* en 1656 ou 1657, mais ç'a été dans une troupe qui n'y fut que quelque temps. Son chef-d'œuvre, c'était le personnage d'Epicharis, à qui Néron venait de faire donner la question. » Ce personnage doit être dans une tragédie de François Tristan l'Hermite intitulée la *Mort de Sénèque*, qui fut jouée en 1645, probablement par la troupe de l'Illustre-Théâtre. Il est presque certain que cette troupe comptait parmi ses associés le frère même de l'auteur de la *Mort de Sénèque* et le beau-frère du baron de Modène, ce Jean-Baptiste Tristan l'Hermite, sieur de Vauselle, que nous retrouverons bientôt ami de Jacques Béjart et camarade de Molière. Jean-Baptiste Tristan, qui composait aussi des tragédies, ne paraît pas en avoir fait imprimer, depuis celle de la *Chute de Phaéton*, qu'il publia in-4°

chez Cardin Besogne, en 1639, avec dédicace
à M. de Modène.

Ce fut, suivant toute probabilité, en cette
même année 1645 que le baron de Modène
eut de sa maîtresse, Madeleine Béjart, une
seconde fille, qui devait être la femme de
Molière.

Nous n'adoptons pas le système qui fait
d'Armande Béjart la propre sœur de Madeleine et le dernier des nombreux enfants de
Marie Hervé, femme Béjart, en s'appuyant
sur des actes authentiques, c'est-à-dire passés devant témoins, et sur des raisonnements
plus ou moins judicieux. Selon nous, selon
une conviction que nous n'avons pas négligé
d'entourer de preuves solides, Madeleine Béjart fut la mère d'Armande, et le baron de
Modène fut son père.

D'après l'acte mortuaire d'Armande, décé-
dée le 2 décembre 1700, à l'âge de 55 ans,
nous voyons qu'elle était née au commencement de l'année 1646, ou à la fin de l'année
précédente; or, ce fut en 1645 que s'ouvrit
à Paris l'Illustre-Théâtre, et que Molière y
monta en devenant amoureux de Madeleine

Béjart, qui était encore la maîtresse du baron de Modène.

Celui-ci quitta Paris au mois d'octobre, pour suivre à Rome le duc Henri de Guise, près duquel il avait pris du service en qualité de gentilhomme ordinaire, et il ne revint en France que quatre ans plus tard, après avoir partagé la fortune de son maître dans les romanesques événements de la révolution de Naples.

Ce n'est donc que pendant l'absence du baron de Modène, que Molière se lia définitivement avec la Béjart et vécut avec elle publiquement, ce qui fit croire qu'il l'avait épousée, comme le dit Tallemant des Réaux.

On peut ainsi accorder ensemble toutes les probabilités, en disant que cette liaison, qui existait peut-être tacitement et secrètement avant le départ du baron de Modène, ne se cacha plus après ce départ, et que la Béjart accoucha d'une fille dans les derniers mois de l'année 1645.

Il est à peu près certain que cet accouchement eut lieu en province, sans doute dans une ville ou un village du Midi, quand

Madeleine et sa troupe de comédiens recommencèrent leurs tournées dramatiques, auxquelles Molière s'était désormais associé.

Le phamphlet intitulé la *Fameuse comédienne*, attribué mal à propos à une dame Boudin, actrice de campagne, qui n'en fut que le prête-nom, nous semble avoir plus de poids qu'on ne lui en donne dans la question : ce pamphlet est écrit par une personne bien informée, qui, dans sa haine contre la veuve de Molière, devenue la femme de Guérin d'Étriché, n'eût pas laissé échapper une si belle occasion de la charger d'une flétrissure de plus.

Mais l'auteur de la *Fameuse comédienne*, loin de soutenir l'atroce calomnie relative à la naissance d'Armande Béjart (on sait qu'on accusa Molière d'avoir épousé sa propre fille), déclare seulement que, dans le temps de cette *heureuse* naissance, sa mère *faisait la bonne fortune de quantité de jeunes gens de Languedoc.* « Il est très-difficile, dans une galanterie si confuse, ajoute-t-il, de dire qui en était le père. »

Quoi qu'il en soit, la fille de la Béjart passa

« sa plus tendre jeunesse en Languedoc, chez une dame d'un rang distingué. » Petitot assure que ce fut à Nîmes.

Quant à l'acte de baptême, qui remplaçait alors l'acte de naissance, on est autorisé à penser qu'il ne se retrouvera jamais, et que le baptême, ainsi que la naissance, a eu lieu dans quelque petit village du Languedoc ou de la Provence.

La Béjart, dans sa grossesse, n'en continuait pas moins à faire son métier de comédienne, et elle dut accoucher à l'endroit même où les douleurs la forcèrent de suspendre ses représentations, et de séjourner avec la troupe. Toutefois l'enfant n'aurait pas été présenté au baptême sous le nom du baron de Modène, qui avait peut-être refusé de le reconnaître. Le beau-frère du baron, Jean-Baptiste-Tristan l'Hermite, faisait d'ailleurs partie de la troupe.

IV

Nous ne savons pas au juste quel était le personnel de cette troupe, au moment où elle rentra en campagne avec Molière, qui avait laissé là le droit et la philosophie pour se consacrer exclusivement au théâtre.

Grimarest, qui devait être bien instruit par Baron et par la tradition de l'hôtel de Bourgogne, nomme, parmi les camarades de la Béjart et de Molière, les deux frères Béjart, Jacques et Louis, Duparc, dit *Gros-René*, et sa femme, la Debrie et son mari, et un pâtissier de la rue Saint-Honoré (François Ragueneau), père de la demoiselle de La Grange, qui servait alors de femme de chambre à la demoiselle De-brie.

Une autre tradition, que nous ne prétendons ni combattre ni défendre, rapporte, au contraire, que Ragueneau et sa fille, Duparc, De-brie et leurs femmes ne furent incorporés qu'en 1653 dans la troupe de Molière, lorsque cette troupe, en s'établissant à Lyon, ruina et dispersa une troupe rivale où ces acteurs étaient engagés.

Il y a pourtant quelques motifs de supposer que la fusion des deux troupes, celle de Molière et celle de Dufresne, fut bien antérieure au voyage de Lyon; car, le 23 avril 1648, « le sieur Molière, lui et ses comédiens, et la troupe du sieur Dufresne » vinrent demander à la mairie de Nantes la permission d'ouvrir leur théâtre, et un document incontestable nous apprend quelle était la composition de ces deux troupes réunies, et jouant ensemble *Andromède*, tragédie de Corneille, peu de temps après que cette pièce eut été représentée à Paris, sur le théâtre du Petit-Bourbon, dans les premiers mois de 1650.

Ce document nous est fourni par un exemplaire de l'édition originale d'*Andromède* (Rouen, Laurens Maurry, 1651, in-4°), provenant de la bibliothèque théâtrale de Pont de Vesle, dans laquelle il était enfoui jusqu'à ce que le hasard en ait amené la découverte, lors de la vente des livres de M. de Soleinne, à qui cette bibliothèque appartenait. Cet exemplaire porte, en regard des noms des personnages, les noms des acteurs qui ont joué la tragi-comédie dans sa nouveauté. Ces noms ont été écrits de la main de Molière, chargé probablement de la distribution des rôles dans la troupe qu'il dirigeait de concert avec Madeleine Béjart et le sieur Dufresne. «

Voici les noms de ces comédiens, dans l'ordre des noms de personnages : Duparc, Debrie, l'Éguisé, Béjart, de Vauselle, Dufresne, Molière, Chasteauneuf et l'Estang; voici les noms des comédiennes : Mlles Béjart, Debrie, Hervé, Menou, Magdelon et Vauselle.

C'était évidemment tout le personnel de la troupe, à l'exception des *valets*, car on voit que le même acteur remplissait deux ou trois rôles dans les *machines* et sur le théâtre : la demoiselle Hervé jouait successivement *Mel-pomène*, *Céphalie* et même *Phorbas*; Madeleine Béjart, *Junon* et *Andromède*; Mlle Debrie, *Vénus*, *Cymodoce* et *Aglante*; Mlle Marion, *Cydippe* et *Liriope*; Béjart, *le Soleil* et *Timante*; l'Éguisé, *Mercure* et *un Page*; Vauselle, *Eole* et *Ammon*. Le manque d'acteurs avait forcé aussi de reporter quelques vers d'un rôle dans un autre, et de faire dire à Aglante ce que dit Céphalie, à Jupiter ce que dit Junon dans la pièce imprimée, sur laquelle Molière se permit ces changements.

Ce précieux autographe offre, en outre, une particularité intéressante dans la distribution des rôles. Molière s'était d'abord contenté de celui de Phinée et avait réservé celui de Persée à Châteauneuf; mais ensuite il prit le rôle de Persée, comme plus analogue à son talent, et il laissa Châteauneuf jouer Phinée.

On ignore et l'on ne peut même espérer de connaître l'époque, le lieu et les circonstances de la représentation d'*Andromède*, jouée par les troupes de Molière et de Dufresne; nous supposons que cette représentation eut lieu, en 1651, à Bordeaux, ou à Vienne en Dauphiné.

On sait, par les mémoires latins de Nicolas Chorier sur la vie et les amis littéraires de Boissat, que, vers ce temps-là, Molière était à Vienne avec sa troupe, et qu'il y donnait des représentations fort suivies, dans lesquelles il offrait déjà des pièces de sa composition. On sait aussi, par le témoignage de Lagrange, par des traditions locales, et surtout par les notes manuscrites de M. de Trallage, que Molière fut appelé à Bordeaux par le duc d'Épernon, gouverneur de Guyenne, qui aimait beaucoup le théâtre, et qui entretenait une bonne troupe de comédiens. Il paraîtrait même que le duc d'Épernon avait honoré d'une bienveillance particulière la Béjart et sa troupe.

L'auteur ordinaire de l'Illustre-Théâtre, l'ami des Béjart et de Molière, Jean Magnon, en dédiant au duc d'Épernon la tragédie de *Séjanus*, imprimée en 1647, semble faire allusion à ce fait : « Cette protection et le se-

cours que vous avez donné à la plus malheu-
reuse et à l'une des mieux méritantes comédiennes, tout le Parnasse vous en est redevable
et vous en rend grâces par ma bouche. Vous
avez tiré cette infortunée du précipice où son
mérite l'avait jetée. Elle n'est remontée sur
le théâtre qu'avec cette belle assurance de
jouer un jour dignement un rôle dans cette
illustre pièce où, sous des noms empruntés,
on va représenter une partie de votre vie. »

Un critique judicieux, qui a vu l'autographe
de Molière dans l'exemplaire d'*Andromède*, et
qui a étudié curieusement ce point délicat
d'histoire littéraire, s'est arrêté à cette con-
jecture un peu aventurée, que la tragédie de
Pierre Corneille avait été jouée, pour la première fois, à Paris, sur le théâtre du Petit-
Bourbon, par les troupes de Molière et du
sieur Dufresne, avec les machines de Torelli.

Il est vrai que la troupe royale, qui jouait
alternativement avec les Italiens au théâtre
du Petit-Bourbon, passe pour avoir représenté
d'abord *Andromède*, dont le succès continua
pendant quarante-cinq représentations, à la
vogue desquelles ne contribua pas peu la musi-

que de Coypeau d'Assoucy, qui, selon sa propre expression, avait *donné l'âme au vers de M. de Corneille*. Mais nous apprenons, des Stances insérées dans le *Recueil de diverses poésies*, de Toussaint du Bray, que la troupe royale comprenait, comme auxiliaire ou succursale, la troupe de la Béjart. Il n'est donc pas impossible de retrouver à Paris, en 1650, cette même troupe représentant l'*Andromède*. Ce serait alors de cette époque et de cet événement que daterait l'amitié, sincère ou factice, qui exista toujours entre Corneille et Molière, amitié dont l'amour de Corneille pour la Béjart pouvait bien être l'origine.

Cet amour, qu'on appellera, si l'on veut, admiration, n'aurait pas laissé de traces, si l'on ne cherchait à en lire l'aveu dans cette mystérieuse dédicace de la tragédie d'*Andromède* :

« A M. M. M. M.

» Madame, c'est vous rendre un hommage bien secret que de vous le rendre ainsi, et je

m'assure que vous aurez de la peine vous-
même à reconnaître que c'est à vous à qui je
dédie cet ouvrage. Ces quatre lettres hiéroglyphiques vous embarrasseront aussi bien
que les autres, et vous ne vous apercevrez
jamais qu'elles parlent de vous, jusqu'à ce
que je vous les explique. Alors vous m'a-
vouerez sans doute que je suis fort exact à
ma parole et fort ponctuel à l'exécution de
vos commandements. Vous l'avez voulu, et
j'obéis; je vous l'ai promis, et je m'acquitte.
C'est peut-être vous en dire trop pour un
homme qui se veut cacher quelque temps
à vous-même, et pour peu que vous fas-
siez de réflexions sur mes dernières visites,
vous devinerez à demi que c'est à vous que
ce compliment s'adresse. N'achevez pas, je
vous prie, et laissez-moi la joie de vous sur-
prendre par la confidence que je vous en dois.
Je vous en conjure par tout le mérite de mon
obéissance et ne vous dis point en quoi les
belles qualités d'Andromède approchent de vos
perfections ni quel rapport ses aventures ont
avec les vôtres; ce serait vous faire un mi-
roir où vous vous verriez trop aisément, et

vous ne pourriez plus ignorer ce que j'ai à vous dire. »

Cette dédicace est, en effet, une énigme que les commentateurs de Corneille n'ont pas seulement essayé de deviner. Cette énigme, de l'avis du critique qui m'a exposé son système assez spécieux, renfermerait une déclaration d'amour adressée à Madeleine Béjart, et chaque phrase serait une délicate allusion à cet amour du poëte pour la comédienne. Les quatre lettres hiéroglyphiques placées en tête de la dédicace, pourraient être ainsi interprétées en forme de rébus : *Ah ! aime, aime, aime, aime !* Elles signifieraient, d'ailleurs, plus naturellement : *A mademoiselle Madeleine, madame Modène.*

Enfin Corneille était si plein, si pénétré de l'impression que lui avait laissée la belle comédienne, qu'il semble s'en être souvenu plusieurs années après, quand il écrivit l'argument d'*Andromède* : « J'avoue que le sieur Torelli s'est surmonté lui-même à exécuter les dessins des machines, et qu'il a eu des inventions admirables pour les faire agir à propos; de sorte que s'il m'est dû quelque chose pour avoir introduit cette Vénus dans le premier acte, qui fait le nœud de la tragédie sur l'oracle ingénieux qu'elle prononce, il lui en est dû bien davantage pour l'avoir fait venir de si loin et descendre au milieu de l'air, dans cette magnifique étoile, avec tant d'art et de pompe, qu'elle remplit tout le monde d'étonnement et d'admiration. »

La Vénus serait donc Madeleine Béjart, que Torelli aurait fait venir de Languedoc ou de Guyenne, pour la montrer dans une *gloire* au public parisien.

V

Sans attacher plus de valeur qu'il ne faut à ces interprétations systématiques, nous nous bornons à constater, d'après le document autographe de Molière, l'état complet de sa troupe en 1651 ou 1652. Madeleine Béjart et sa sœur, Geneviève Hervé, Jacques Béjart, Duparc, Debrie et sa femme, sont connus, et ils ont leur place dans l'histoire du Théâtre Français. Mais cette histoire n'avait pas encore enregistré les noms de

Vauselle et de sa femme, de Chasteauneuf, de l'Éguisé, de l'Estang et des demoiselles Menou et Magdelon.

Vauselle n'est autre que Jean-Baptiste Tristan-l'Hermite, sieur de Vauselle ou de Vaucelles ou Vocelle, frère du poëte François Tristan-l'Hermite de Soliers, beau-frère du baron de Modène et ami de la famille Béjart. Il composa d'abord des pièces de théâtre, et il s'adonna ensuite à l'art héraldique pour vivre ; ce qui prouve qu'il était aussi mauvais poëte que mauvais comédien. Sa femme n'a pas laissé plus de souvenirs que lui dans les fastes du théâtre ; mais cette comédienne, qui portait son nom à la scène, n'était peut-être qu'une sœur ou une maîtresse.

Chasteauneuf est certainement le même que A.-P.-P. de Chasteauneuf, qui était comédien de M. le Prince en 1663, lorsqu'il fit imprimer, à Maestricht, une farce en vers, intitulée la *Feinte mort de Pancrace*, et qui resta dans la troupe de Molière jusqu'à ce qu'elle vînt s'établir à Paris, en 1659. Il est nommé dans le catalogue manuscrit des acteurs de cette troupe, recueilli par le nommé Fossard. En outre, la *Fameuse comédienne* le désigne comme portier de la Comédie, tandis que sa femme ouvrait les loges, au théâtre de l'hôtel de Guénégaud, quelques années après le mariage de Molière. Celui-ci avait sans doute donné cette retraite à son ancien camarade devenu infirme.

Les deux comédiens mentionnés sous leurs noms de théâtre, l'Éguisé et l'Estang, sont évidemment le célèbre pâtissier-poëte Ragueneau, et Louis Béjart, le cadet. Celui-ci a signé : Béjart-l'Éguisé, le 17 février 1672, sur les registres de la paroisse Saint-Paul, dans l'acte d'inhumation de sa sœur Madeleine. Quant à Ragueneau, que d'Assoucy a illustré en le peignant sous les traits les plus burlesques, sa fille Marie ou Marotte, qui épousa Lagrange, et dont la laideur était aussi proverbiale que sa coquetterie, est appelée Mⁿᵉ de l'Estang, receveuse au bureau de la Comédie, dans les Registres de son mari.

Quoique d'Assoucy, dans ses *Aventures*, se soit moqué des vers de Ragueneau, en vantant ses petits pâtés et son talent de moucheur de chandelles (le théâtre n'avait pas alors

d'autre éclairage), on peut accuser ce jugement d'hyperbole hostile, car Charles Beys,
ami et sans doute camarade de Ragueneau,
n'a pas craint de le louer comme poëte et
comme acteur, dans une pièce de vers qui se
trouve parmi ses OEuvres, qu'il fit imprimer
en 1652.

Quant au talent poétique de Ragueneau lui-
même, nous en avons un curieux échantillon
dans cette pièce de vers qu'il adressa au
menuisier maître Adam, et que celui-ci plaça
triomphalement à la tête de ses *Chevilles*,
dans la seconde édition publiée à Rouen, en
1654 :

Je croyois estre seul de tous les artisans
Qui fust favorisé des dons de Caliope,
Mais je me range, Adam, parmi tes partisans,
Et veux que mon rouleau le cède à ta varlope.
Je commence à connestre, après plus de dix ans
Que dessous moy Pegase est un cheval qui chope.
Je vay donc mettre en paste et perdrix et faisans,
Et contre le fourgon me noircir en cyclope.
Puisque c'est ton mestier de fréquenter la cour,
Donne-moy les outils pour eschaufer mon four,
Car les muses ont mis les miennes en déroute :
Tu souffriras pourtant que je me flatte un peu :
Avecque plus de bruit tu travailles sans doute,
Mais pour moy je travaille avecque plus de feu.

Nous ne saurions préciser quelle est cette demoiselle Magdelon, qui a probablement inspiré à Molière le personnage de la Magdelon des *Précieuses ridicules*, et qui pourrait bien être la Duparc, que Molière aima éperdument, sans parvenir à s'en faire aimer. Cette supposition est d'autant plus plausible, que la femme de Duparc faisait partie de la troupe, et qu'on ne sait pas son nom de fille. La Magdelon des *Précieuses* serait alors l'invention d'un amant dédaigné, qui n'a pas voulu d'autre vengeance que de se faire rougir lui-même de son amour. Nous préférons nous arrêter à la Duparc, plutôt que de chercher dans notre Magdelon de l'*Andromède* la sœur de Tristan-l'Hermite de Vauselle et la propre femme du baron de Modène, nommée Madeleine, morte sans doute à cette époque. Ce ne serait pas d'ailleurs un fait extraordinaire, qu'une femme noble, séparée de son mari, jouant la comédie sous un nom de guerre dans une troupe de campagne.

Mlle Menou nous serait tout à fait inconnue sans une lettre de Chapelle, adressée à Molière, lettre en prose et en vers, qui n'a ja-

mais été étudiée par les historiens de Molière,
et qui prouve cependant que, vers ce temps-
là, ce grand homme avait la faiblesse d'aimer
trois femmes à la fois. On devine pourtant
que Mlle Menou était alors plus aimée que ses
deux rivales, Madeleine Béjart et sans doute
la demoiselle Magdelon, depuis femme Duparc.

Voici quelques extraits de cette charmante
lettre, à laquelle nous donnons la date du
printemps de 1650 ou 1652, parce qu'il y est
question d'un *terrible hiver*, et que l'on peut
choisir entre les rigoureux hivers de ces deux
années :

« Votre lettre m'a touché très-sensible-
» ment, et, dans l'impossibilité d'aller à Pa-
» ris de cinq ou six jours, je vous souhaite
» de tout mon cœur en repos et à Paris. J'y
» contribuerais de tout mon possible à faire
» passer votre chagrin, et je vous ferais as-
» surément connaître que vous avez en moi
» une personne qui tâchera toujours à le dis-
» siper ou pour le moins à le partager...
» Après le plus terrible hiver que la France
» ait depuis longtemps senti... je me pro-

» mène depuis le matin jusques au soir...
» En vérité, mon très-cher ami, sans vous, je
» ne songerais guères à Paris de longtemps...
» Toutes les beautés de la campagne ne vont
» faire que croître et embellir, surtout celles
» du vert qui nous donnera des feuilles au
» premier jour ; il faut se contenter de celui
» qui tapisse la terre,

> Jeune et faible, rampe par bas
> Dans le fond des prés, et n'a pas
> Encor la vigueur et la force
> De pénétrer la tendre écorce
> Du saule qui lui tend les bras.
> La branche amoureuse et fleurie
> Pleurant pour ses naissants appas,
> Toute en sève et larmes, l'en prie,
> Et jalouse de la prairie,
> Dans cinq ou six jours se promet
> De l'attirer à son sommet.

» Vous montrerez ces beaux vers à Mlle Me-
» nou seulement : aussi bien, sont-ils la figure
» d'elle et de vous. Pour les autres, vous
» verrez bien qu'il est à propos surtout que
» ces femmes (Madeleine Béjart et Magdelon)
» ne les voient pas. Je les ai faits pour ré-
» pondre à cet endroit de votre lettre où vous

» particularisez le déplaisir que vous don-
» nent vos trois grandes actrices sur la dis-
» tribution de vos rôles. Il faut être à Paris
» pour en résoudre ensemble, et tâchant de
» faire réussir l'application de vos rôles, re-
» médier à ce démêlé qui vous donne tant de
» peine. En vérité, grand homme, vous avez
» besoin de toute votre tête en conduisant
» les leurs, et je vous compare à Jupiter pen-
» dant la guerre de Troie. Qu'il vous sou-
» vienne donc de l'embarras où ce maître des
» dieux se trouva sur les différents intérêts
» de la troupe céleste, pour réduire les trois
» déesses à sa volonté :

> Crois-tu pas qu'un homme avisé
> Voit par là qu'il n'est pas aisé
> D'accorder trois femmes ensemble...
> Pallas, bien que la déesse
> Du bon sens et de la sagesse,
> Courant partout le guilledou...
> Sa Junon, la grave matrone,
> Sa compagne au céleste trone...
> Cypris, pour défendre Pâris,
> Donna congé pour lors aux ris.

Nous n'avons pas encore découvert le vrai
nom de Mlle Menou, qui avait rendu Molière

infidèle à la Béjart ; serait-ce Jeanne Olivier Bourguignon, plus connue sous son nom de femme, quand elle eut épousé Beauval, à Lyon, vers 1653 ?

Enfin, à propos des nouveaux et précieux renseignements que l'autographe de Molière nous donne sur la composition de sa troupe, nous consignerons ici, sans l'approfondir aujourd'hui, une observation que nous a suggérée dès longtemps la lecture du *Roman comique*, de Scarron, qui composa cet ouvrage, de 1646 à 1652, dans le prieuré que M. de Lavardin, évêque du Mans, lui avait accordé à la sollicitation de Mlle de Hautefort.

Scarron avait vu Molière et sa troupe à leur passage dans le Maine. On a la preuve que cette troupe de comédiens était à Nantes en 1648. Ce fut en 1646 ou 1647, que Scarron, après avoir pris possession de son bénéfice, forma le projet de son roman : « Des comédiens étaient alors au Mans, dit l'auteur de sa vie (édit. de ses OEuvres, 1752), et il n'en fallut pas davantage pour mettre son imagination en train. » Scarron, qui ne s'était encore fait connaître que par des poésies, prit le goût du théâtre et s'essaya bientôt dans la comédie.

N'est-il pas très-probable que la troupe de Molière lui donna l'idée et les principaux éléments de son *Roman comique*, qui ne parut qu'en 1654? Ne pourrait-on pas retrouver parmi les personnages de ce roman quelques-uns des comédiens de cette troupe?

C'était alors la mode de mettre dans les romans, sous des noms déguisés, certaines aventures véritables, certains personnages réels; le roman publié, on en cherchait, on en fabriquait la clef, et le monde des ruelles et des bureaux d'esprit levait le coin du voile transparent qui couvrait ces piquantes allégories.

Le *Roman comique* a tous les caractères d'un tableau fait d'après nature; ce ne sont pas des portraits de fantaisie, et il ne serait pas impossible peut-être de découvrir dans la troupe de Molière les types du Destin, de la Rancune et de l'Olive, ainsi que ceux des demoiselles de l'Étoile, de la Caverne et de l'Estang.

VI

La troupe de Molière est à Lyon en 1653, y donne des représentations très-brillantes, et y joue, pour la première fois, la comédie dé l'*Étourdi*, qui ne fut imprimée que dix ans plus tard ; car, en ce temps-là, on ne livrait pas à l'impression toutes les pièces représentées avec succès à Paris et dans les provinces. La date de la représentation de l'*Étourdi* nous paraît donc aussi certaine que celle de l'établissement du théâtre de Molière à Lyon, pendant plusieurs mois de l'année 1653.

Il y avait, en même temps, à Lyon, une autre troupe de campagne, sans doute celle de Monsinge, dit Paphetin, dans laquelle se trouvaient la jeune élève du Filandre, Jeanne Olivier Bourguignon, et Beauval, qu'elle épousa depuis.

On raconte que cette dernière troupe, ruinée par la concurrence que lui faisait Molière, fut obligée de cesser ses représentations et de s'incorporer en partie dans la troupe rivale. Celle-ci devint, par suite de ces adjonctions, la meilleure des douze troupes ambulantes (1), qui exploitaient les provinces, sans compter les deux ou trois sédentaires de la capitale.

Ce fut elle certainement qui excita une sorte d'émulation dramatique dans la littérature lyonnaise, où l'on remarque plus de dix pièces jouées et imprimées à Lyon, durant un espace de cinq ou six années.

Françoise Pascal, *fille lyonnaise*, comme elle s'intitule, est un des auteurs que l'exem-

(1) Voyez l'*Europe vivante*, par Samuel Chapuzeau, 1664, in-4°.

ple de Molière paraît avoir enfantés; ses comédies du *Vieillard amoureux*, de l'*Amoureux extravagant* et de l'*Amoureuse vaine et ridicule*; ses tragédies d'*Agathonphile*, d'*Endymion* et de *Sésostris* eurent peut-être l'honneur, si mauvaises qu'elles soient, d'être représentées par la troupe de Molière.

Il faut citer aussi la *Conversion de saint Paul*, tragi-comédie, par J. Villemot; *Cajan ou l'Idolâtre converti*, autre tragi-comédie, dont les initiales F. G. B. ne nous révèlent pas l'auteur; la *Mort du grand et véritable Cyrus*, tragédie également anonyme, de même que l'*Amour combattue* ou *les Amants rusés*, poëme dramatique; et aucune de ces pièces ne peut avoir été composée par Molière; mais, malgré leur peu de mérite, on doit les attribuer à l'influence du théâtre que dirigeait à Lyon ce comédien poëte, et qui offrait à ses spectateurs d'excellentes comédies, dignes d'être opposées à celles des théâtres de Paris.

Il ne serait pas non plus hors de toute probabilité que Madeleine Béjart eût donné alors quelques pièces de sa façon, car elle se mêlait aussi d'écrire pour la scène, et plusieurs historiens du théâtre s'accordent à dire qu'elle a fait des comédies. Le Registre de Lagrange nous apprend qu'elle *raccommoda* le *Don Quixotte*, de Guérin de Bouscal, comédie en trois parties, qui avait été jouée en 1640 et 1642.

Au reste, à cette époque, tout le monde se mêlait d'écrire des pièces de théâtre, comme tout le monde se mêlait d'en jouer. Le théâtre était la passion dominante de la cour, de la noblesse, de la bourgeoisie et du peuple. Chaque classe de la société avait ses pièces et ses acteurs de prédilection. Le peuple et la bourgeoisie en étaient encore aux mystères et aux farces, mais la noblesse et la cour aimaient et protégeaient la grande tragédie et la grande comédie, que Pierre Corneille, Rotrou, Boisrobert, Gilbert et François Tristan-l'Hermite avaient déjà portées au plus haut degré de perfection.

Une lecture attentive des *Aventures de M. d'Assoucy*, dans lesquelles on trouve de si précieux renseignements sur la troupe de Molière à cette époque, nous permet d'avan-

cer que cette troupe avait son siége, en quelque sorte, à Lyon, ce qui ne l'empêchait pas
de faire des excursions, tantôt à Avignon,
tantôt à Vienne, tantôt à Orange; elle ren-
trait ensuite à Lyon, où elle rouvrait son
théâtre, fermé depuis quelques semaines ou
quelques mois.

Ce fut d'abord dans cette ville que Charles
Coypeau d'Assoucy rencontra Molière et les
Béjart, qu'il connaissait de vieille date, et qui
l'accueillirent avec la plus fraternelle hos-
pitalité. D'Assoucy avait quitté Paris, au
commencement du printemps de l'année
1654, dans l'intention de se rendre à Turin;
il ne fit que traverser la Bourgogne, voya-
geant à petites journées, s'arrêtant çà et là,
pour chanter ses vers et sa musique. Il était
donc arrivé à Lyon vers le mois de juin, et il
y passa trois mois entiers, dans l'intimité de
Molière et des Béjart, ses *charmants amis*,
« parmi les jeux, la comédie et les festins. »

Les comédiens menaient, comme on voit,
joyeuse vie en commun.

Quoiqu'il eût perdu presque tout son argent au jeu, il voulut continuer son voyage,

et s'embarqua sur le Rhône, en compagnie
de Molière, qui vint donner des représentations à Avignon. Là, il perdit le reste de son
argent ; mais Molière et les Béjart ne se con-
tentèrent pas de l'assister comme ami, ils
voulurent le traiter *comme parent*, si bien que
d'Assoucy se vit « plus riche et plus content
que jamais. »

Ils étaient *commandés* pour aller aux États
de Languedoc, convoqués à Montpellier, et
ils emmenèrent leur hôte avec eux, vers la
fin du mois de novembre.

Les États de Languedoc s'ouvrirent le
7 décembre 1654, avec beaucoup de pompe,
sous la présidence du prince de Conti, gouverneur de Guyenne, tenant lieu de son oncle,
Gaston d'Orléans, gouverneur de Languedoc.

Le prince de Conti, lors de son passage à
Lyon, dans les premiers jours de cette même
année, quand il se rendait à Paris pour
épouser la nièce du cardinal Mazarin, avait
bien pu retrouver son condisciple du collége
de Clermont et des cours particuliers de Gassendi, Jean-Baptiste Poquelin, sous le nom de
Molière. En tout cas, il lui fit grand accueil,

ainsi qu'à ses comédiens, lorsqu'il les vit jouer à Montpellier, où des fêtes brillantes célébrèrent la tenue des États.

M. Bazin, ordinairement si exact dans ses recherches historiques, s'est trompé en disant : « Il ne paraît pas que le prince ait appelé Molière aux États de Montpellier, ni dans cette ville, où il passa l'hiver de 1654 à 1655. » Il n'a pas connu un document, aussi certain qu'intéressant, qui constate la présence de Molière à Montpellier, et il a négligé de chercher la preuve de ce fait dans l'*Armorial du Languedoc*, publié par Jacques Béjart.

Cet armorial, intitulé *Recueil des titres, qualités, blasons et armoiries des prélats et barons des États de Languedoc tenus en* 1654, forme un volume in-folio, en trois parties : la première de 28 feuillets, y compris le titre général; la deuxième, de 53 feuillets, et la troisième, de 54 feuillets, chacune avec un faux titre gravé. Ce volume a été imprimé à Lyon, de 1655 à 1657, par Jassermé, quoique le titre général porte la date de 1655.

L'auteur nous apprend, dans son avant-propos, que s'étant trouvé plusieurs années à Montpellier, durant la tenue des États de Languedoc, il avait eu honte de voir, dans les écussons des prélats et barons, appendus aux portes de l'hôtel de ville, « tant de choses fausses qui passaient sous le nom d'armes, et qui y étaient arborées. »

En conséquence, il corrigea toutes ces fautes dans un tableau où il fit peindre les écus de ceux qui avaient séance aux États ; mais, comme ce tableau était, dit-il, un corps sans âme, qui concernait plutôt les peintres que les curieux, il fit des recherches dans les archives des maisons nobles du Languedoc, et il en tira les matériaux de son recueil, qui ne fut pas fait par principe d'intérêt, mais seulement par amour de la science héraldique et de la noblesse languedocienne.

Dans la dédicace de la seconde partie du recueil, dédicace adressée, ainsi que la première, au prince de Conti, il rappelle, en fort bon style, qui sent le voisinage de Molière, que son travail mérita les encouragements du prince, lorsqu'il le lui présenta manuscrit pendant les entr'actes de la comédie : « J'a-

vouc que V. A. me rendit confus lorsqu'elle
cut la bonté de vouloir lire d'un bout à l'autre
ce livre qu'elle me commanda de lui faire
voir, et qu'elle en fit son divertissement durant les entr'actes de la comédie qu'on représentait devant elle. C'était un ouvrage qui
n'était considérable que par l'honneur qu'il
avait de vous être dédié, et cependant l'ac-
cucil que V. A. daigna lui faire lui a donné
de l'approbation parmi les curieux de cette
province et les personnes de votre cour. »

Il n'en faut pas douter, la comédie que l'on
représentait devant le prince de Conti était
jouée par Molière et sa troupe, à Montpellier
ou bien au château de Pézénas, où le nom de
notre grand comique, gravé sur un mur par
quelqu'un de ses comédiens ou de ses valets,
signale encore son passage en 1654, 1655
et 1656.

L'*Armorial des États de Languedoc*, par
Jacques Béjart, qui n'était sans doute que le
prête-nom de son ami et camarade Jean-Baptiste Tristan-l'Hermite, sieur de Vozelle ou
Vauselle, ne renferme pas d'autre particularité qu'on puisse rapporter à l'histoire de

Molière, si ce n'est que l'on y trouve, entre les généalogies, celles de plusieurs personnages de grande naissance, qui dansèrent alors un ballet avec Molière, Béjart et quelques acteurs de profession.

Oui, Molière dansa, en 1654, dans un ballet dont il avait composé lui-même le programme.

VII

Nous avons dit, dans une note du Catalogue de la Bibliothèque dramatique de M. de
Soleinne (t. III, p. 95) : « La plupart des
ballets de 1655 à 1668 nous montrent, parmi
les danseurs, un Molière qui est cité avec
éloges dans les programmes, comme poëte
et musicien. Il y avait à cette époque un
sieur de Molière, maître de la musique et
des ballets du roi; et, dans le même temps
J.-B. Poquelin de Molière, que les priviléges

de ses comédies appellent *Molier* et *Mollier*, composait aussi des ballets pour la cour et y jouait son rôle. Comment distinguer entre eux les deux Molière, puisque le nom du danseur est écrit souvent de même que celui de l'auteur dans ses priviléges, puisque les éloges donnés au maître de ballets conviennent aussi à l'illustre comique, puisque les vers de l'un valent quelquefois les vers de l'autre, etc.? »

Ces réflexions nous étaient inspirées par la lecture attentive et la comparaison minutieuse des nombreux programmes de ballets, que Robert Ballard faisait imprimer en brochures in-4° à cette époque, pour être distribués aux acteurs et aux spectateurs de ces ballets, dansés à la cour ou chez les princes.

Nous n'avons pas confondu, comme on nous l'a reproché, les deux Molière contemporains, mais nous avons été préoccupé de la part que chacun d'eux pouvait avoir dans l'invention et dans la représentation des ballets et divertissements de cour. N'était-il pas naturel de penser que Molière avait pu faire ses premiers essais en ce genre chez Gaston d'Orléans et chez Henri de Guise, tous deux passionnés pour ce genre de plaisir dramatique, musical et chorégraphique, tous deux protecteurs de Madeleine Béjart et de sa famille, par l'intermédiaire de leurs officiers, le baron de Modène et le sieur de Vauselle?

Ç'a été donc une heureuse découverte à l'appui de nos inductions et de nos suppositions, que la rencontre d'un ballet dans lequel le nom de Molière, du véritable, du grand Molière, nous apparaît dégagé de toute confusion d'homonymie.

Il s'agit du *Ballet des Incompatibles, à huit entrées, dansé à Montpellier devant monseigneur le prince et madame la princesse de Conti* (Montpellier, Daniel Pech, imprimeur du roi et de la ville, 1655, in-4° de 9 feuillets non chiffrés). Ce ballet existait dans le grand recueil de Ballets, rassemblé par le duc de la Vallière, et vendu avec sa bibliothèque en 1783; mais nous n'en avions connaissance que par le catalogue publié par le duc lui-même, sous ce titre : *Ballets, opéra, et autres ouvrages lyriques, par ordre chronologique* (Paris, J.-B. Bauche, 1760, in-8°). Les immenses

collections dramatiques de Pont-de-Vesle et
de Soleinne ne possédaient pas cette pièce
rarissime.

Des recherches persévérantes nous l'ont
fait découvrir enfin.

L'auteur de l'*Étourdi* et d'autres petites
comédies qui ne sont pas venues jusqu'à
nous, et qui furent représentées alors devant
le prince de Conti, se trouva très-honoré
sans doute de fournir un sujet de ballet aux
personnes les plus distinguées de la cour du
prince, de la province de Languedoc et de la
ville de Montpellier. Molière, *commandé pour
les États*, était chargé personnellement de la
direction des menus-plaisirs de son ancien
condisciple du collége des jésuites (1). Il s'y
employait avec tant de zèle, qu'il composa
exprès, l'année suivante, la comédie du *Dépit amoureux*, qui fut représentée pour la première fois à Béziers.

Madeleine Béjart, son frère Jacques et le
sieur de Vauselle avaient aussi, il est vrai, le

(1) Marc-Antoine Joly dit expressément, dans la notice de
son excellente édition de Molière, publiée en 1739, que le prince
lui avait *confié la conduite des fêtes qu'il donnait.*

talent de composer des vers de ballet, mais ceux du programme des *Incompatibles* sont assez bien tournés en général et souvent assez heureux pour qu'on y reconnaisse une main de maître.

D'ailleurs, le sixain qui regarde Molière figurant une *harangère* dans une entrée, est fait de telle sorte qu'on l'applique aisément à l'auteur lui-même ; l'obscurité de ces vers laudatifs témoigne de l'embarras qu'il avait à parler de son propre mérite.

Quant au sujet tout métaphysique des *In-compatibles*, il accuse les tendances du mora-liste, du philosophe, de l'élève de Gassendi, et, comme pour caractériser davantage l'ordre d'idées dans lequel Molière avait créé ce bal-let, pour plaire à son ancien camarade de classes, on pourrait citer plus d'une réminis-cence du poëme de Lucrèce.

Nous voyons figurer dans ce ballet, avec Molière et Béjart, non-seulement quelques comédiens de leur troupe, mais encore la fleur des gentilshommes qui faisaient partie de la maison du prince de Conti, ou qui avaient été convoqués aux États de Languedoc.

Ce mélange des gens de théâtre et de la jeune noblesse, dans la représentation des ballets de cour, a subsisté jusqu'au milieu du règne de Louis XIV. Le grand roi lui-même, qui dansait, comme tous les princes de son temps, dans ces ballets et ces intermèdes dramatiques, ne dédaignait pas d'y paraître en costume, au milieu de ses valets de chambre, de ses pages, de ses musiciens et des danseurs de profession.

Au reste, il ne faut pas croire que tous les personnages qui prenaient des rôles de ballet fussent tenus de se mettre en danse ; la plupart se bornaient à y être en montre, pour ainsi dire, vêtus de bizarres costumes et souvent masqués.

Les comédiennes ne furent admises que très-rarement et par exception, sous le règne de Louis XIV, dans les ballets de la cour de Versailles, où l'on vit quelquefois les filles d'honneur de la reine danser à côté du roi. Ordinairement, les rôles de femmes étaient remplis par des jeunes gens dont la figure pouvait faire illusion aux spectateurs. Mais, dans un ballet dansé à Montpellier, même par les gentilshommes du prince de Conti et les nobles de la province de Languedoc, on doit croire qu'on avait fait céder l'étiquette au plaisir de montrer les jolis visages féminins de la troupe de Molière.

Voilà pourquoi nous n'hésitons pas à regarder comme des comédiennes mesdemoiselles Dufey, d'Agencourt, Picar, Solas et Gérar, qui figurent dans le ballet des *Incompatibles*, quoique ces noms-là ne s'appliquent pas trop bien à celles que nous connaissons.

Ce n'est pas même outrepasser les limites d'une enquête historique, que d'attribuer à une faute d'impression, ou à un changement prémédité, les noms de *Gérar* et de *Picar*, qui remplaceraient ceux de Madeleine Béjart et de sa sœur mademoiselle Hervé.

On est d'autant mieux fondé à faire cette supposition, que le nom de Jean Béjart, bien connu à Montpellier par son *Armorial des États de Languedoc* qu'on y avait publié, est écrit dans le programme des *Incompatibles* de deux manières différentes, également fautives : *Bejar* et *Béjarre*.

Quant à mademoiselle Solas, ne serait-ce

pas la femme ou la fille de Josias de Solas ou
Soulas, comédien du théâtre de l'hôtel de
Bourgogne, sous le nom de Floridor?

Nous n'apercevons ensuite que deux ou
trois acteurs de la troupe, en dehors de Molière et de Béjart; ce sont les sieurs Martial,
Joachim et Capon, à qui on serait fort en
peine pourtant de rendre leurs noms entiers :
le Joachim pourrait être Ragueneau, et Capon
ressemble assez à Coypeau d'Assoucy, qui
était alors commensal des Béjart, et qui avait
pu devenir un personnage de ballet, puisqu'il
composait alors des vers et de la musique
d'opéra, témoin son *Jugement de Pâris*, imprimé en 1648, chez T. Quinet, avec des
poésies liminaires de ses amis, qui étaient
aussi ceux de Molière : Chapelle, Lamothe-
Levayer fils, Tristan-l'Hermite, l'Hermite de
Soliers et Cyrano de Bergerac.

Presque tous les autres danseurs ou acteurs des *Incompatibles* se retrouvent dans
l'*Armorial* de J. Béjart, quoique souvent le
nom sous lequel chacun d'eux figure dans le
ballet soit un nom de fief ou de seigneurie.

Molière se trouvait donc en bonne compagnie dans son ballet des *Incompatibles*, et le sixain qu'il a composé pour se caractériser lui-même, et pour constater l'incompatibilité de son rôle de *harengère*, prouve qu'il était dès lors considéré comme poëte plus encore que comédien.

Le sens de ce sixain, si nous l'entendons bien, est une révélation des projets littéraires de Molière dès cette époque. Il n'avait fait représenter qu'une seule grande comédie en vers, l'*Étourdi*, qui n'était pas même imprimée; mais déjà il préparait ses chefs-d'œuvre, et aspirait à devenir la créateur de la comédie française.

Il l'avoue, il le déclare en disant :

> Je fais d'aussi beaux vers que ceux que je récite,
>   Et souvent leur style m'excite
> A donner à ma muse un glorieux emploi.

Il n'y a que Molière qui ait pu dire de l'*éloquence*, comme poëte et comme acteur : « *Tout ce qui n'en a pas est toujours* incompatible *avec moi.* »

C'est par une licence d'auteur, qu'il se permet, lui comédien, de s'adresser des vers dans le ballet, de même qu'aux seigneurs des États de Languedoc et aux officiers du prince de Conti, qu'il faisait danser ou figurer, sans déroger à l'étiquette. Il ne met pas même un quatrain dans la bouche de son ami Béjart, qui représente un peintre, dans la première partie du ballet, et un ivrogne, dans la seconde.

Les vers de ballet formaient un genre de poésie de cour, dans lequel Benserade excellait à cette époque; avant lui, Bordier et Boisrobert avaient eu, pour ainsi dire, la fourniture de cette espèce de poésie, tour à tour épigrammatique et adulatrice, souvent graveleuse, toujours gaie et spirituelle.

Molière ne put faire autrement que de se conformer aux habitudes du genre, et, tout en louant avec finesse la plupart des personnages titrés et qualifiés qui daignaient se mêler avec des comédiens de campagne sur les planches d'un théâtre, il ne se priva pas de leur lancer quelques traits de satire, d'autant plus acérés qu'ils étaient remplis de politesse.

Cet opuscule est rempli de vers charmants,

de pensées délicates, de plaisanteries ingé-
nieuses, de piquantes observations. Le sage
et le moraliste s'y révèlent à chaque mot
sous le masque du poëte comique. C'est l'é-
lève de Gassendi, c'est le disciple d'Epicure,
c'est l'admirateur assidu de Lucrèce, qu'on
retrouve professant la doctrine de ses maîtres
de philosophie, dans une école de danse et de
pantomime.

Le prince de Conti, en voyant le ballet des
Incompatibles, se rappela inévitablement les
leçons de Gassendi et ses camarades de
classe, entre lesquels Molière s'était distingué, en commençant à traduire en vers
français le poëme *De naturâ rerum*. Quelques
vers du ballet sont imités, sinon traduits, de
Lucrèce.

Le style de cette pièce est, en général,
net, précis, clair, élégant et simple, disant
bien ce qu'il veut dire et se prêtant sans effort
au rhythme et à la prosodie. Il a presque
toutes les qualités ordinaires de la langue de
Molière. Toutefois, les locutions qui lui sont
propres dans les comédies qu'il a faites depuis, n'apparaissent pas encore dans ce pre-

mier essai, écrit à la hâte, et peut-être dicté à travers la répétition du ballet. On y remarque seulement deux ou trois de ces locutions mo-liériennes, telles que *pousser des soupirs*, *pousser sa fortune, le penser* (pour *la pensée*), *c'est notre fait*, etc.

Il est donc impossible de reconnaître, dans la langue facile, naturelle, souvent ferme et vive des *Incompatibles*, la phraséologie ver-beuse et incolore de Guilleragues, la versifi-cation rocailleuse et pénible de Beys, le jar-gon burlesque et familier de d'Assoucy, les seuls poëtes qui fussent en ce moment auprès du prince de Conti.

Quant à d'Assoucy, qui avait tant à se louer de la générosité de Molière et des comédiens, mais qui n'était pas en bonne odeur vis-à-vis des comédiennes, à cause de ses vilaines mœurs, il quitta brusquement Montpellier, avec ses deux pages de musique, peu de jours après la représentation du ballet. Ce fut en sortant de cette ville, qu'il fit la rencontre de M. de Vitrac, qu'il avait vu danser en cos-tume de bacchante, et qu'il retrouvait assis dans un carrosse. Le poëte des *Incompatibles*

avait prêté à M. de Vitrac cette boutade que
d'Assoucy ne se fut pas permise :

Mais si j'étais un jour bacchante,
Je serais fort mal à cheval.

Aussi était-il en voiture, et il n'en fit pas
meilleur accueil à d'Assoucy, dont la vilaine
réputation avait sans doute offensé tous les
honnêtes gens.

D'Assoucy ne se rendait pas justice lui-
même, et il ne dit pas même adieu à Molière,
mais il lui écrivit, d'une ville voisine, la lettre
suivante :

« Monsieur, je vous demande pardon de
n'avoir pas pris congé de vous. M. Fessard,
le plus froid en l'art d'obliger qu'homme qui
soit au monde, me fit partir avec trop de pré-
cipitation pour m'acquitter de ce devoir. J'eus
bien de la peine seulement à me sauver des
roues, entrant dans son carrosse, et c'est
bien merveille qu'il m'ait pu souffrir avec
toutes mes bonnes qualités, pour la mauvaise
qualité de mon manteau, qui lui semblait trop
lourd. Cela vient du grand amour qu'il a pour
ses chevaux, qui doit surpasser celui qu'il a

pour Dieu, puisqu'il a vu presque périr deux
de ses plus gentilles créatures (les pages de
d'Assoucy), sans daigner les soulager d'une
lieue.

» Je ne vous saurais exprimer avec quelle
grâce le plus agile de mes pages faisait deux
lieues par jour, ni les louanges qu'il a em-
portées de sa gentillesse et de sa disposition
pour celui qu'il y a si longtemps que je nour-
ris. Peu s'en est fallu qu'il n'ait fait comme le
chien de Xantus, qui rendit l'âme pour avoir
suivi son maître avec trop de dévotion. Je ne
m'étonne pas si la cour l'a député (M. Fessard) aux États pour le bien du peuple, le
connaissant si ennemi des charges. Je lui suis
pourtant fort obligé de m'avoir souffert avec
mon bonnet de nuit, n'ayant promis que pour
ma personne, et suis, mons., C. D. »

On peut parier à coup sûr que Molière, qui
ne fut jamais un grand épistolier, ne répondit
pas à cette lettre facétieuse ; car d'Assoucy
n'eût pas manqué d'imprimer aussi la réponse
de Molière, s'il l'avait reçue.

Depuis cette époque, il garda donc rancune à Molière, sans oublier, toutefois, ses

bienfaits, et sans cesser de rendre hommage à son noble caractère.

Ils ne se revirent que longtemps après, à Paris, lorsque Molière eut atteint l'apogée de sa fortune dramatique ; mais la mésaventure scandaleuse de d'Assoucy à Montpellier, en 1656, avait éloigné de lui tous ses amis de jeunesse, Molière et les Béjart, aussi bien que Chapelle et Bachaumont ; et il n'eut point à se louer alors de l'accueil qu'il reçut de l'auteur du *Misanthrope*. Il fut blessé de cet accueil froid et sévère ; s'il s'en plaignit hautement, il ne devint point tout fait ingrat.

Molière et sa troupe restèrent certainement à Montpellier tant que le prince de Conti y fut lui-même, et l'*Histoire civile de Montpellier*, par d'Aigrefeuille, nous apprend que ce prince passa tout le carême dans cette ville, et n'en sortit qu'au mois de mai 1665, pour retourner à la guerre en Roussillon.

M. Bazin, qui a étudié avec tant de recherche et de sagacité les *Commencements de la vie de Molière*, s'est donc trompé en tirant cette conclusion, du récit de d'Assoucy, qu'il date de 1655, au lieu de le placer sous l'année

1654 : « Il ne paraît pas que le prince ait appelé Molière aux États de Montpellier ni dans cette ville, où il passa l'hiver de 1654 à 1655. »

La seconde pièce de Molière, le *Dépit amoureux*, fut représentée, pendant les États, en 1654 ou 1655, à Béziers, où le prince de Conti avait transporté sa maison.

Ce n'est pas la seule pièce nouvelle que Molière ait produite alors devant ce prince, qui l'honorait de ses applaudissements et de ses conseils : Armand de Bourbon n'était pas encore devenu dévot. Quelques critiques ont pensé que les *Précieuses ridicules* étaient presque contemporaines du *Dépit amoureux*, et que le théâtre de Béziers en avait eu les prémices ; mais il faudrait une longue dissertation pour établir ce point d'histoire littéraire. On court moins de risque de faire fausse route en adoptant la tradition, qui veut que plusieurs farces célèbres de Molière, notamment le *Docteur amoureux*, les *Trois docteurs rivaux* et le *Maître d'école* aient vu le jour à la clarté des chandelles que mouchait Ragueneau, qui, selon d'Assoucy, n'avait pas d'autre emploi dans la troupe des Béjart.

Ces trois farces sont perdues aujourd'hui ;
mais elles existaient manuscrites du temps
de Boileau, qui les goûtait fort, et qui les pré-
férait même à des comédies d'un genre plus
élevé. Le manuscrit de la dernière, le *Maître
d'école*, se trouvait encore, au milieu du dix-
huitième siècle, dans la collection d'un amateur, M. de Bombarde, qui consacrait ses
talents d'auteur et de comédien aux théâtres
de société, et surtout à celui du château de
Morville.

Molière, qui ne voulut jamais laisser imprimer ces farces qu'il jouait partout, ne fit pas
imprimer davantage le *Dépit amoureux* et
l'*Étourdi*, au moment de la nouveauté de ces
deux comédies. On voit, dans la préface des
Précieuses, qu'il répugnait à livrer ses œuvres
à l'impression, et qu'il la jugeait peu favorable aux pièces comiques : « J'avais résolu
de ne les faire voir qu'à la chandelle, » dit-il ;
car il pensait qu'*une grande partie des grâces*
qu'on trouvait dans ces sortes de pièces dé-
pendaient principalement *de l'action et du ton
de la voix.*

Le privilége de l'*Étourdi* et celui du *Dépit*

amoureux, publiés pour la première fois par Gabriel Quinet et Claude Barbin, en 1663, étant datés du dernier jour de mai 1661, il serait donc inutile de chercher une édition de Lyon et de Béziers antérieure à ces éditions, que les succès répétés de l'*École des maris* et des *Fâcheux* purent seuls arracher à la modestie de l'auteur.

L'*Étourdi* et le *Dépit amoureux* parurent sans dédicace de l'auteur, probablement parce que ces comédies avaient été dédiées au prince de Conti, et que la conversion de ce prince avait fait supprimer ces dédicaces. Mais les libraires Gabriel Quinet et Claude Barbin, qui les avaient fait imprimer pour leur compte, dédièrent la première à messire Armand-Jean de Riants, et la seconde à M. Hourlier, sieur de Méricourt, écuyer, conseiller du roi, lieutenant général civil et criminel au bailliage de Calais.

« Si cette pièce n'avait pas reçu les applaudissements de toute la France, je ne prendrais pas la liberté de vous l'offrir, » disait G. Quinet en parlant du *Dépit amoureux* de l'auteur « le plus approuvé de ce siècle. » Ce M. Hourlier, sicur de Méricourt, était assurément de la connaissance intime de Molière ; quant à messire Armand-Jean de Riants, nous savons seulement qu'il fut officier du prince de Conti et allié à la famille des Béjart, son frère Claude de Riants, comte de Villeray et baron de la Brosse, ayant épousé en secondes noces Marie Hervé, qui pourrait bien être la même que la mère de Madeleine et d'Armande-Gresinde Béjart. Il y a encore bien des faits nouveaux à découvrir, en suivant la filière de ces renseignements, que nous nous bornons à signaler.

VIII

Après le départ du prince de Conti pour l'armée, Molière parcourut successivement plusieurs villes du Languedoc. Selon Lefebvre de Saint-Marc, dans son édition des Poésies de Chapelle, Molière ouvrit son théâtre à Avignon, en août 1655 ; il revint, en septembre ou en octobre, à Pezénas, où le rappelaient à la fois le prince de Conti et les États de Languedoc, qui se tenaient dans cette ville et qui ne durèrent qu'un mois.

Dans le cours de cette année 1655, Molière et les Béjart firent sans doute quelque séjour à Lyon, qui les recevait toujours avec empressement. Le médecin-poëte Samuel Chapuzeau, qui publia dans cette ville, en 1656, un in-quarto intitulé : *Lyon dans son lustre*, avait suivi les représentations de la troupe de Molière, et il en parle dans ces termes flatteurs, sans toutefois la nommer : « Le noble amusement des honnêtes gens, la digne débauche du beau monde et des bons esprits, la comédie, pour n'être plus fixe comme à Paris, ne laisse pas de se jouer ici à toutes les saisons qui la demandent, et par une troupe, ordinairement, qui, toute ambulatoire qu'elle est, vaut bien celle de l'hôtel qui demeure en place. »

J. Béjart avait d'ailleurs affaire à Lyon pour continuer l'impression de son *Armorial des États de Languedoc*, auquel il travaillait toujours, de concert avec son ami Tristan-l'Hermite de Soliers, et peut-être en employant, pour ses dédicaces, la plume de Molière.

« L'honneur que V. A. S. daigna faire à l'ouvrage que j'osai lui présenter l'année

passée (1655), dit Jacques Béjart au prince de
Conti dans la dédicace de la seconde partie
de l'*Armorial des États de Languedoc*, m'a
donné la hardiesse de lui en offrir la conti-
nuation..... Sans doute qu'à cette offrande,
je ne manquerais pas de joindre un sublime
discours des merveilles de V. A., si je me
trouvais autant de talent à décrire les belles
actions, que j'en puis avoir à cet art (le bla-
son) qui en fait connaître les marques les
plus éclatantes et les monuments les plus
assurés. Je me contente de dire que, si dans
les choses dont je me tais, V. A. imite Alexan-
dre, elle l'imite encore dans ses bienfaits,
puisqu'ils sont toujours mesurés à la grandeur de sa naissance plutôt qu'au mérite de
ceux qui reçoivent ses libéralités. »

Béjart, par l'entremise du prince de Conti,
avait obtenu un privilége du roi, donné à
Paris le 14 mars 1655, pour l'impression de
son ouvrage héraldique, dont la quatrième et
dernière partie n'a jamais paru. C'est assurément Tristan-l'Hermite de Soliers qui avait
inspiré à Béjart l'aîné le goût des recherches
généalogiques; quant à lui, il s'était déjà,

pour s'y livrer exclusivement, détaché de la troupe des comédiens : il ne vivait plus que de généalogies et il ramassait, dans les archives des familles du midi de la France, les matériaux des traités historiques, remplis d'erreurs et de fraudes nobiliaires, qu'il publiait et vendait lui-même aux parties intéressées.

L'historien Guichenon écrivait à d'Hozier, vers ce temps-là : « Où diable est allé pescher l'espiègle Tristan le marquis *Equipolle* (sobriquet du marquis de Lullin) à Genève, et là s'est-il avisé de lui dédier la vie du maréchal de Montjoie ? Je lui en vais escrire, afin qu'il se garde de ce fripon fieffé, que je ne voulus jamais voir à Lyon, pendant qu'il allait débitant de porte en porte la *Ligurie françoise*, qui est un potpourry de mensonges et de flatteries impudentes. » D'Hozier ajoute en note sur la lettre de Guichenon, placée en tête de son exemplaire de ce livre rare : « Espiègle : il fallait dire Faussaire. » Et, en effet, dans une note qu'il mit sur son exemplaire de la *Toscane françoise*, il qualifie l'auteur : « un des plus impudens faussaires qui aient escrit des généalogies. »

Tristan-l'Hermite de Soliers, qui prétendait descendre des anciens comtes de Clermont et d'Auvergne, avait repris ses armes à trois chevrons de gueules sur champ d'argent, et sa devise inventée par le terrible grand-prévôt de Louis XI : *Prier vault à l'Hermite*.

Tristan-l'Hermite ne fut pas le seul acteur que perdit la troupe de Molière.

Ce bon buveur de Charles Beys, qui, depuis les brillants succès de ses trois pièces de théâtre, représentées en 1637 par les comédiens de l'hôtel de Bourgogne, n'avait fait que rassembler un assez mince recueil de poésies, imprima, en 1652, et remania sa tragi-comédie de l'*Hôpital des fous*, sous le titre des *Illustres fous*. En 1653, Charles Beys dut renoncer à paraître sur la scène, en devenant borgne et infirme, à la suite de ses continuels excès de table ; il ne mourut pourtant qu'en 1659, à Paris, et un de ses compagnons de bouteille, Guillaume Colletet, se chargea de son épitaphe, intitulée : *Beys au tombeau*, dans la *Muse coquette* (Paris, J.-B. Loyson, 1665, in-12).

Passant, celui qui gît ici
Fut un poëte sans souci,
Qui pratiqua de bonne grâce
Le précepte du bon Horace :
« Bois, mange tout, aujourd'hui sain,
Et moque-toi du lendemain. »
Les muses furent ses délices...
A force de boire, il perdit
Un œil, et continua de boire...
Une chaleur intestine
S'alluma dans sa poitrine...
Quenault (*fameux médecin*) accourut à son aide...
Mais la mort, d'une main fière,
Lui vint fermer l'autre paupière,
Un mois après que, pour guérir,
Beys eut dit : « Il faut mourir. »

La troupe de Molière, privée de Beys et de Tristan-l'Hermite de Soliers, ne séjourna pas à Béziers, après que le prince de Conti eut quitté cette ville, à la fin de 1655, pour s'en aller à la cour; car le pauvre d'Assoucy, qui sortait alors des prisons de Montpellier, où l'avait conduit sa méchante réputation, plutôt encore que ses mauvaises mœurs, s'étant rendu aussitôt à Béziers, pour y trouver des protecteurs et de l'argent, comme il le raconte lui-même dans ses *Aventures*, n'y vit plus le prince de Conti, ni M. de Lavardin, ni M. de

Guilleragues, et fut obligé de chercher fortune ailleurs.

On ne sait pas quel fut l'itinéraire de Molière et de ses comédiens, pendant les deux années suivantes, 1656 et 1657, que le prince de Conti passa loin du Languedoc, à la cour et à l'armée. Il est probable que la plupart des villes du Midi eurent la visite de cette troupe, qui revenait toujours à Lyon comme à son quartier-général.

On a peine à croire que Chapelle et Bachaumont, dans le voyage de plaisir qu'ils firent à travers les provinces méridionales de la France, ne rencontrèrent pas Molière à quelqu'une de ses étapes dramatiques : ils n'en parlent pas néanmoins dans le récit de leur voyage ; mais Chapelle aurait-il pu passer si près de son ami Poquelin sans se détourner de sa route pour le rejoindre et renouer connaissance avec lui ? « C'est à lui (Chapelle), dit François de Caillères (*Des bons mots et des bons contes.* Paris, 1692, in-12), que nous devons une partie des grandes beautés que nous voyons briller dans les excellentes comédies de Molière, qui le consultait sur tout ce qu'il faisait, et qui avait une déférence entière pour la justesse et la délicatesse de son goût. »

Rien ne prouve, d'ailleurs, que Molière soit resté dans le Midi, à la tête de sa troupe, dans l'intervalle des années 1656 et 1657. Il n'est pas impossible que la charge de tapissier du roi, dont il avait la survivance, l'ait appelé à la cour, en même temps que le prince de Conti, pour y faire le service de son père. Dans l'*État général des officiers, domestiques et commensaux de la maison du roy*, pour l'année 1657 (Paris, Martin Leche, in-8°), on trouve, parmi les tapissiers du roi, « Jean Poquelin et Jean son fils à survivance, 300 livres. »

Molière était à Avignon, au mois de décembre 1657, lorsqu'il s'y rencontra avec le peintre Pierre Mignard, qui revenait d'Italie, et qui fit son portrait : leur amitié commença par là.

Ce ne fut pas seulement dans le poëme de la *Gloire du Val-de-Grâce* que Molière célébra en vers le talent de son illustre ami : dans une épître anonyme adressée à Mignard, pour

l'inviter à *tirer* le portrait du cardinal Mazarin, on reconnaît par moments la muse im-
provisatrice de Molière, malgré la recherche
tourmentée de certaines idées et la négli-
gence de certains détails de style. Voici le
début de cette pièce, qui ne fut recueillie
qu'en 1663 par Sercy et Barbin, libraires de
Molière, et imprimée dans les *Délices de la
poësie galante :*

Industrieux Mignard, ton admirable main
Ne fait rien qui ne soit au-dessus de l'humain ;
Tout ce qu'elle figure a le noble avantage
De se voir immortel dans ton parfait ouvrage ;
Le temps, qui détruit tout, conserve les tableaux
Sur qui l'on voit briller tes célèbres travaux ;
Ces travaux ont rendu ta gloire sans seconde
Et ne pourront périr qu'en la perte du monde.
Par tes doctes efforts, nous voyons effacés
Des traits qu'on admirait dans les siècles passés ;
Le soleil est jaloux, voyant que ta science
Donne plus aux couleurs que sa douce influence,
Et s'enfuit chaque jour, mécontent d'éclairer
Ce qui le fait rougir et te fait admirer.
Quand tu peins un héros, tu rends notre âme atteinte
D'amour, d'étonnement, de respect et de crainte ;
Tu figures le calme et les émotions,
Tu fais voir dans les yeux toutes les passions,
Tu dépeins la clémence et la fureur guerrière,
Et montres sur un front une âme tout entière.

Cette épître, qui, comparée au poëme de la *Gloire du Val-de-Grâce*, présente les mêmes formes de langage, les mêmes tours de phrase, et parfois les mêmes pensées, est évidemment de l'année 1658; le sujet traité par le poëte sert à établir la date, d'une façon à peu près positive : c'est une supplique au cardinal Mazarin, pour le déterminer à mettre fin à la guerre et à donner la paix au royaume.

Le sentiment vraiment humain et philosophique qui a inspiré l'épître à Mignard est digne de Molière, et souvent l'expression reproduit avec bonheur sa pensée, aussi noble que généreuse, sous le masque du panégyrique.

Cette pièce de vers se rapporte sans doute à l'arrivée de Mignard à Paris, lorsqu'il y fut si bien accueilli par le cardinal Mazarin, qui voulut se faire peindre par lui, et qui le présenta ensuite à Louis XIV et à la reine-mère.

Ce fut dans le courant de 1658 que Mignard fit ce beau portrait du cardinal, que Nanteuil a gravé en 1660. L'épître que Molière lui adressa, peut-être à son instigation, pour se recommander comme poëte au premier ministre, cette épître, aurait donc été composée au milieu de 1658, et nous ne doutons pas que le peintre ne l'ait communiquée au cardinal, que des éloges aussi bien tournés ne trouvèrent pas indifférent.

Jule (1) ayant fait d'un règne une longue conquête,
Un rameau d'olivier doit couronner sa tête.
Montre combien de sang nos lauriers ont coûté!
Fais-lui voir notre honneur presque trop acheté :
C'est le plus digne effort de la vertu suprême,
Que borner ses désirs et se dompter soi-même.
On doit vaincre la haine, ayant bien combattu,
Et relever celui qu'on avait abattu.
Armand (2) a surpassé ceux qui le devancèrent :
Tout ce qu'ils avaient fait, ses exploits l'effacèrent.
L'essor de la victoire est pour Jules plus prompt,
Et de plus beaux lauriers environnent son front.
Armand fut libéral, grand, invincible et sage,
Mais on dira : « La paix fut son plus bel ouvrage. »
Le temple de Janus est ouvert de sa main :
Invite à le fermer cet illustre Romain.
Il sera plus fameux par cet acte héroïque,
Que s'il avait conquis et l'Europe et l'Afrique.
La guerre l'a fait voir un grand homme d'État :
Ses vertus, dans la paix, auront bien plus d'éclat.
Il faut goûter le bien que donne la victoire,
Et, pour se rendre heureux, réfléchir sur sa gloire.
En vain, du monde entier nous serions les vainqueurs,
Si de nouveaux désirs troublaient toujours nos cœurs.

(1) Mazarin.
(2) Richelieu.

Peu de poëtes étaient capables, à cette époque, de louer le premier ministre en pareils vers ; aussi, le cardinal ne fut-il pas insensible aux louanges et conseils de son ingénieux apologiste ; non-seulement il négocia la paix, mais encore il appela Molière à Paris.

Celui-ci, qui avait passé le carnaval de 1658 à Grenoble, jouait alors la comédie à Rouen, lorsqu'il obtint, au mois d'octobre, avec l'agrément du cardinal-ministre, la permission de s'essayer devant le roi, sur un théâtre qu'on avait dressé exprès dans la salle des gardes du vieux Louvre. Mignard ne fut certainement pas étranger à cet heureux événement qui devait décider la fortune de son ami.

Après cette représentation, qui eut lieu le 24 octobre, avec moins d'éclat que de succès, Molière, qu'on appelait à la cour *M. de Molier*, prit le titre de *chef de la troupe des comédiens de Monsieur*, et s'établit avec cette troupe sur la scène du Petit-Bourbon.

Il y a grande apparence que Molière, avec une partie de ses acteurs, suivit la cour au voyage que fit le jeune roi dans l'été de 1659, pour visiter ses provinces méridionales et pour se rapprocher des Pyrénées, pendant que le cardinal Mazarin traitait avec les plénipotentiaires du roi d'Espagne.

Nous retrouvons le grand sentiment qui avait dicté l'épître à Mignard, dans ce madrigal, écrit en face des arènes de Nîmes, en l'honneur du traité de paix, que le cardinal, surnommé *le Romain* par Molière, venait de signer avec l'Espagne (7 novembre) :

> Vieux débris, restes éclatans
> Qu'on voit et qu'on a peine à croire,
> Qui percez avec tant de gloire
> La profonde épaisseur des temps ;
>   Alors que je considère
>   Tant de merveilles de près,
>   Et que j'examine après
>   La paix qui vient de se faire,
>   Je dis que rien ne peut sauver
> Les ouvrages communs du déchet qu'ils endurent,
> Et que c'est proprement aux Romains d'achever
>   Les choses grandes et qui durent.

Molière était déjà en route pour revenir à Paris, quand il improvisa ce beau madrigal. Le 18 novembre 1659, il jouait le rôle du marquis de Mascarille dans les *Précieuses ridicules*, représentées pour la première fois,

avec un prodigieux succès, qui égala ceux
qu'avaient obtenus Corneille, Boisrobert, Gilbert, Quinault et Boyer, sur les théâtres du
Marais et de l'hôtel de Bourgogne.

Brossette, dans ses notes inédites, raconte
qu'un bel esprit, M. de Plapisson, pénétré
d'admiration pour le comique de la pièce et
pour le jeu excellent de Molière, interrompit
l'acteur en criant à haute voix : « Ris donc,
parterre, ris donc ! » Le parterre ne se le fit
pas dire deux fois.

Cette anecdote, rapportée par plusieurs
commentateurs de Molière, a été sans doute
mal comprise : sous prétexte que le sieur
de Plapisson était un commensal de l'hôtel
de Rambouillet, et par conséquent le défen-
seur obligé de ce célèbre sanctuaire des
vraies précieuses, on a voulu que l'interpella-
tion adressée au parterre fût une critique dé-
daigneuse de ses éclats de rire impertinents.
Ce n'est pas tout : on a mal à propos rattaché
l'anecdote à la représentation de l'*École des
Femmes*, qui n'eut lieu qu'en 1662.

Le succès des *Précieuses ridicules* fut si
éclatant dès la première représentation, que,

le lendemain, on augmenta le prix des places, et que l'entrée au parterre, qui ne coûtait que dix sols auparavant, se trouva taxée à quinze comme l'était celui du théâtre de Bourgogne. Les spectateurs de l'un et de l'autre parterre se tenaient debout, avec une constance qui témoignait de la passion qu'on avait alors pour l'art dramatique.

IX

Molière n'avait fait encore imprimer aucune
pièce de son répertoire, soit qu'il craignît
de diminuer par là le nombre des habitués
de son théâtre, soit qu'il réservât ainsi à sa
troupe la propriété de ses ouvrages, soit qu'il
ne fût pas suffisamment satisfait de leur mérite littéraire. L'*Étourdi* et le *Dépit amoureux*,
ces deux grandes comédies en vers, composées depuis plus de huit ans, étaient restés
manuscrits, aussi bien que les petites farces

qui dataient de la même époque, et qu'il excellait à jouer d'après les leçons de Scaramouche.

On peut croire, d'ailleurs, que ces farces plaisaient infiniment au public, puisque Molière les fit représenter successivement à Paris, sans les donner sous son nom, depuis 1659 jusqu'en 1664.

Outre les *Trois docteurs rivaux*, le *Docteur amoureux* et le *Maître d'école*, qui avaient laissé un souvenir de bonne gaieté dans la mémoire du rigide Boileau, le *Médecin volant* et la *Jalousie du barbouillé*, dont le texte ou le canevas est venu jusqu'à nous, appartiennent évidemment à la jeunesse de Molière.

On lui attribue avec beaucoup de raison les farces suivantes, qu'il développa plus tard en comédies : *Gros-René écolier*, le *Docteur pédant*, *Gorgibus dans le sac*, le *Fagotier*, la *Jalousie de Gros-René*, le *Grand benêt de fils aussi sot que son père*, et la *Casaque*. Ce furent les principaux rôles de son répertoire bouffon, et il leur dut certainement sa réputation de comédien, ou plutôt de *farceur*, comme l'appelaient souvent ses contemporains.

La comédie des *Précieuses ridicules* elle-même était également qualifiée de *farce*, et la spirituelle Mlle Marie-Catherine-Hortense Desjardins, que son renom de *précieuse* autorisait à prendre fait et cause dans la question, publia, sans toutefois se nommer, le *Récit en prose et en vers de la Farce des Précieuses* (Paris, 1660, in-12). C'était une analyse détaillée de la pièce.

Molière, voyant qu'on imprimait, malgré lui, cette espèce de contrefaçon de son ouvrage, et apprenant qu'une autre copie plus complète allait voir le jour, accompagnée d'un privilége obtenu par surprise, se décida enfin à demander un privilége pour son propre compte et à faire imprimer les *Précieuses ridicules.*

Le privilége, daté du 19 janvier 1660, fut accordé à Guillaume de Luynes, libraire, qui devait en partager le bénéfice avec six de ses confrères ; mais ce privilége ne faisait pas mention du nom de l'auteur, et la comédie parut anonyme, à la fin du mois de janvier.

C'était la première fois que Molière se voyait imprimé : « L'étrange embarras qu'un livre à mettre au jour, dit-il dans sa préface, et qu'un auteur est neuf la première fois qu'on l'imprime ! »

Molière semble avoir eu d'abord cette opinion bien arrêtée, que ses pièces de théâtre étaient faites pour être vues et non pour être lues : « Comme une grande partie des grâces qu'on y a trouvées, dit-il dans la même préface, dépendent de l'action et du ton de la voix, il m'importait qu'on ne les dépouillât pas de ces ornemens, et je trouvais que le succès qu'elles avaient eu dans la représentation était assez beau pour en demeurer là. » D'après ce système, il ajoutait une foule de jeux de scène, comiques ou ingénieux, qui mettaient en valeur le dialogue et qui lui donnaient souvent des qualités que la pièce imprimée ne renfermait pas.

De là sa répugnance pour l'impression de ses ouvrages.

Aussi, ayant demandé nominativement un privilége, qui lui fut accordé le dernier jour de mai 1660, pour faire imprimer l'*Étourdi* et le *Dépit amoureux*, il ne fit usage de ce privilége que plus de deux ans après. Ces deux pièces furent imprimées au mois de novembre 1662.

Sganarelle, ou le Cocu imaginaire, fut joué, le 28 mai 1660, avec un joyeux succès, qui se soutint pendant quarante représentations. Ce n'était plus une farce, puisque c'était une comédie en vers. Les bourgeois de Paris, que l'auteur avait personnifiés dans le héros de ce drame conjugal, vinrent en foule au Petit-Bourbon pour juger de la fidélité du portrait.

Molière, qui avait emprunté le sujet de sa comédie à un canevas italien, intitulé *Arlichino cornuto per opinione*, tira peut-être de quelque autre farce italienne le nom de son principal personnage, *Sganarelle* : ce nom-là, *Sganarelle*, signifie évidemment *celui qui se trompe lui-même*, par allusion au titre du canevas italien *Cornuto per opinione*. Nous voyons dans Sganarelle, non pas *sgannare*, qui voudrait dire *se détromper*, mais *se ingannare*, au moyen d'une ellipse que l'italien se permet.

Un seul des nombreux commentateurs de Molière s'est préoccupé de l'étymologie de ce nom, qui n'avait pas encore paru sur notre scène française, et ce commentateur, aussi

mal inspiré que tous ses confrères, a trouvé
que *Sganarelle* était une contraction de *su
gana*, qui, en espagnol, veut dire *son désir*.
C'est un assez joli échantillon de l'intelligence
ordinaire des commentateurs.

L'admirable talent que Molière déploya dans
ce rôle lui fit adopter, depuis, le nom de Sganarelle pour les rôles de bourgeois crédules
et entêtés, qu'il mit dans l'*École des Maris*,
l'*Amour médecin*, le *Mariage forcé*, comme des
types de la vanité bouffonne et du préjugé
incarné, mêlés à une certaine dose de finesse
narquoise.

Il se réservait de préférence ces rôles, aux-
quels il savait donner un cachet de plaisante
originalité.

Le caractère de Sganarelle, joué par Molière, devint tellement familier à son public,
que, plus tard, ce Sganarelle, transformé en
valet de *Don Juan*, ne fit que changer de cos-
tume, et resta un bon bourgeois de Paris, en
dépit de sa souquenille espagnole.

Molière, en jouant le *Cocu imaginaire*, s'é-
tait distingué comme comédien plus encore
que comme auteur : on songeait à peine à

l'un en applaudissant l'autre. C'est à cette époque seulement que commence la grande réputation du comédien; jusque-là, on ne le connaissait qu'à titre de *farceur*, et l'on ne s'enquérait pas même de son nom. On allait voir Mascarille et non pas Molière.

Il est à remarquer que ce nom de Molière était alors si nouveau dans le public, qu'on l'écorchait de diverses façons, en le prononçant et en l'écrivant tantôt *Molier*, tantôt *Mollier*, tantôt *Moliers*, et jamais *Molière*. Loret, qui, dans sa *Muse historique*, avait parlé plusieurs fois des comédies représentées sur le théâtre du Petit-Bourbon, ne nomme *Molier* qu'à la date du mardi 26 octobre 1660, lorsque l'auteur des *Précieuses ridicules* joua sa comédie, au Louvre, dans la chambre à coucher du cardinal Mazarin, malade, en présence du roi, qui assistait incognito à cette curieuse représentation.

Molière avait consenti à laisser imprimer les *Précieuses*; il ne pouvait se dispenser de faire imprimer aussi le *Cocu imaginaire*, dont la vogue était encore mieux établie que celle de la première pièce; car, si la cour et la no blesse avaient fait le succès de cette pièce, la ville et la bourgeoisie avaient pris sous leurs auspices, en quelque sorte, le *Cocu imaginaire*, qui rapporta 1,500 livres de droits d'auteur à Molière, tandis que les *Précieuses* ne lui en avaient rapporté que 1,000.

Cependant il ne voulut pas, soit à cause du titre de la pièce, soit par quelque autre motif, donner les mains à l'impression de cette comédie : il en chargea vraisemblablement un de ses amis, qui, sous le nom du sieur de Neufvillenaine, se fit l'éditeur du *Cocu imaginaire*, et feignit de publier à l'insu de l'auteur la pièce qu'il aurait apprise par cœur tout entière en la voyant représenter.

Ce sieur de Neufvillenaine obtint pour cette publication un privilége daté du 26 juillet 1660, et il entrecoupa les scènes par des arguments, dans lesquels il faisait la description des jeux de scène et l'éloge de Molière : « Il faudrait, dit-il, à propos de la scène xii, avoir le pinceau de Poussin, Lebrun et Mignard, pour vous représenter avec quelle posture Sganarelle se fait admirer dans cette scène. »

La première édition, qui parut chez le li-

braire Ribon, était précédée d'une préface
à un amy, où l'éditeur pseudonyme s'excusait
de l'espèce de piraterie qu'il exerçait sur une
œuvre littéraire, dont l'auteur ne lui avait
accordé aucune autorisation directe de la
faire imprimer.

Molière néanmoins semble avoir porté
plainte au Conseil du roi contre le libraire et
non contre l'éditeur; cette plainte n'eut pas
de suites et ne fut peut-être déposée que pour
la forme; car le sieur de Neufvillenaine publia
une seconde édition, augmentée d'une lettre
à M. de Mollier lui-même, et, dans cette lettre,
il raconte comment la mémoire l'ayant servi
assez bien pour lui permettre de retenir la
pièce qu'il avait entendue au théâtre, il la
transcrivit et en confia le manuscrit à un
gentilhomme de campagne, de ses amis. Plusieurs copies avaient été faites d'après ce
manuscrit, et *quantité de gens étaient près de
la mettre sous la presse*, quand il s'avisa de
les devancer : « J'ai cru, dit-il, qu'il fallait
aller au devant de ces messieurs qui impri-
ment les gens malgré qu'ils en aient, et donner
une copie qui fût correcte. »

Il est difficile de ne pas reconnaître l'auteur dans cette assurance de langage, qui rappelle l'avertissement des *Précieuses ridicules*, dans lequel il s'écrie : « C'est une chose étrange qu'on imprime les gens malgré eux... On m'a fait voir une nécessité pour moi d'être imprimé ou d'avoir un procès, et le dernier mal est encore pis que le premier. Il faut donc se laisser aller à sa destinée et consentir à une chose qu'on ne laisserait pas de faire sans moi. »

Molière était réellement complice du succès de Neufvillenaine, qui pourrait bien ne faire qu'un avec lui, et, quand il prit en son nom un nouveau privilége pour faire une édition du *Cocu imaginaire*, chez le libraire Courbé, en 1663, il conserva dans cette édition originale, publiée pas ses soins et sous ses yeux, les arguments et les épîtres préliminaires du sieur de Neufvillenaine, qui n'a jamais donné d'autres signes d'existence dans la littérature.

Molière s'était fait beaucoup d'ennemis par sa comédie des *Précieuses* ; il avait déjà tenté une démarche de réconciliation avec l'hôtel de Rambouillet, en justifiant ses *intentions sur le sujet* de la pièce, en disant dans la préface de cette *farce* : « J'aurais voulu faire voir qu'elle se tient partout dans les bornes de la satire honnête et permise ; que les plus excellentes choses sont sujettes à être copiées par de mauvais singes qui méritent d'être bernés. » Il demanda donc à Gabriel Gilbert, un des poëtes tragiques et comiques les plus estimés de ce temps-là, une nouvelle comédie qui ne devait être que le développement et l'explication de cette phrase.

Cette comédie, intitulée la *Vraie et la fausse Précieuse*, ne fut pas représentée, quoique Molière eût fait une avance de 550 livres à l'auteur, qui était un homme de cour, assez considérable, puisqu'il avait été secrétaire et ministre résidant de la reine Christine de Suède.

On peut supposer que la représentation de cette comédie n'eut pas lieu, par suite de la fermeture subite du théâtre, au mois d'octobre 1660.

La salle du Petit-Bourbon fut mise en démolition pour faire place aux nouveaux bâtiments du Louvre, et Molière, qui n'avait pas été averti d'avance de ce brusque congé que lui donnait M. de Ratabon, surintendant des bâtiments du roi, eût été forcé de faire construire une salle de spectacle, si le roi ne lui eût concédé, à la sollicitude de Monsieur, le théâtre du Palais-Royal, demeuré libre et vacant depuis la mort du cardinal de Richelieu, qui l'avait fait bâtir et décorer pour la fameuse représentation de *Mirame*.

Pendant que Molière faisait exécuter des travaux de restauration, indispensables dans cette nouvelle salle que lui enviaient déjà les troupes du Marais et de l'hôtel de Bourgogne, il ne laissait pas sa troupe inactive, et il la menait *en visite* chez le roi, chez le cardinal, chez les grands seigneurs et les gros financiers.

Chacune de ces visites dramatiques était largement rétribuée, et Molière y trouvait l'occasion de s'approcher du roi et des princes, et de se faire connaître avantageusement des personnes distinguées qui assistaient aux représentations, et qui ne dédaignaient pas de parler avec un comédien ; car ce co-

médien, condisciple du prince de Conti, élève
de Gassendi, valet de chambre-tapissier du
roi, formé aux belles manières du grand
monde, connu par des œuvres de théâtre
remarquables, rempli d'instruction, d'esprit,
de bon goût, de politesse et de tout ce qui
constituait l'*honnêteté*, n'était nulle part dé-
placé et ne se posait pas, même à la cour,
sur un pied d'infériorité.

Voilà pourquoi Molière, quoique *farceur*
par état, quoique lié par un commerce jour-
nalier avec des femmes de théâtre souvent
assez mal famées, quoique peu scrupuleux
dans ses mœurs privées, ne fut jamais confondu avec les comédiens qui l'entouraient,
et se recommanda tous les jours davantage à
l'estime des *gens de bien*. C'était ainsi qu'on
appelait alors les gens de condition.

Dans les quatre mois qui s'écoulèrent jusqu'à la réouverture du théâtre, la troupe de
Monsieur alla en *visite* successivement chez
le maréchal d'Aumont, chez le maréchal de
là Meilleraye, chez le duc de Roquelaure,
chez le duc de Mercœur; elle jouait chaque
fois une ou deux pièces, et plus ordinaire-

ment des comédies de Molière ou de Scarron ; une *visite* se payait dix-neuf à vingt-cinq louis d'or, c'est-à-dire deux cents à deux cent soixante-quinze livres ; les financiers étaient plus généreux que les seigneurs : M. de la Bazinière, trésorier de l'épargne, avait donné trois cent trente livres pour voir le *Cocu* et les *Précieuses* ; Fouquet, surintendant des finances, en avait donné cinq cents pour voir l'*Étourdi* et le *Cocu*.

La troupe reçut de la sorte, dans l'intervalle de quelques mois où elle ne joua pas en public, 5,115 livres, ce qui fit environ 800 livres pour chaque part d'acteur, si l'on n'en compte que dix.

Cette somme comprend celle de 3,000 livres dont le roi avait gratifié la troupe, en témoignage de satisfaction, après une *visite* dont le cardinal fit les frais.

Molière et ses acteurs, pour répondre à cette marque de bienveillance royale, jouèrent, à Vincennes et au Louvre, trois pièces de Scarron, *Don Japhet d'Arménie*, *Jodelet prince* et *Don Bertrand de Cigaral*, que le roi aimait beaucoup. Molière souffrit sans doute de voir que Louis XIV lui préférât Scarron ; mais il se vengea, par la suite, de cette injuste préférence, en apprenant au roi à distinguer du burlesque le vrai comique, et à prendre en haine les comédies de « ce bouffon de Scarron, » comme disait Louis XIV.

X

Molière, à cette époque, avait un homonyme que tout le monde connaissait à la cour, et qui devait lui faire une concurrence redoutable auprès du jeune roi, comme poëte et comme acteur.

C'était un sieur *Molier* ou *de Mollier*, ou *Mollière* (car on écrivait son nom de ces trois manières), qui dansait dans les ballets du roi, qui composait souvent les divertissements de ces ballets et qui en faisait aussi la musique.

Ce Molière, que toutes les biographies ont
oublié, était pourtant un artiste de grand
mérite, et sa réputation ne paraissait pas
pouvoir être éclipsée, lorsque l'auteur de
l'*Étourdi* vint à Paris se poser en rival de ce
coryphée des ballets du Louvre.

Dès l'année 1640, on trouve une demoiselle *Molier* qui dansait avec le marquis de
Themines et les sieurs Picot et Barberlan,
dans le *Ballet du Triomphe de la Beauté*, ballet
que le comte de Saint-Aignan avait inventé
pour l'amusement de la cour de Louis XIII.
Cette demoiselle Molier, qu'on ne revoit plus
dans les ballets de cour, était-elle mère, ou
sœur, ou femme de l'habile danseur qui se
montre dans la plupart des ballets représentés à la cour depuis 1648 jusqu'en 1665?

En 1648, dans le *Ballet du Déréglement des
passions de l'Intérêt, de l'Amour et de la Gloire*,
par Berthault, frère de madame de Motte-
ville, *Molier* paraît sous trois costumes différents, à côté des ducs de Joyeuse, de
Candale, de Roannez, du chevalier de Guise,
du comte d'Estrées, de MM. de Montignac et
de Bragelonne; en 1651, dans le *Ballet des*

Fêtes de Bacchus, où dansait le roi, Molier
joue trois personnages : un Devin, la Débauche et une Muse ; en 1653, dans le *Ballet
royal de la Nuit*, il joue quatre personnages :
un Jeu, un Ardent ou feu follet, un Curieux et
un Furieux, et il figure, comme un des meil-
leurs danseurs, aux *entrées* dans lesquelles
dansait le roi ; en 1654, dans le *Ballet des
Proverbes*, il fait une Espagnole près du roi
déguisé en Espagnol ; dans le *Ballet du Temps*,
donné au Louvre la même année, il fait un
Moment, ainsi que le roi, tandis que la *petite
Mollier* fait une Minute ; dans le *Ballet des
Noces de Pelée*, il danse en Furie, en Dryade,
en Dieu, toujours avec le roi, et, selon la relation du temps, « il fit des merveilles ; » en
1655, dans le *Ballet des Bienvenus*, il est tour
à tour une des quatre Parties du monde, un
des quatre Éléments, une Égyptienne et un
des Suivants de Momus ; dans le *Ballet des
Plaisirs*, représenté la même année, c'est un
des quatre Chasseurs qui accompagnent Cé-
phale (le comte de Saint-Aignan) ; en 1656,
dans le *Ballet de Psyché, ou la puissance de
l'Amour*, il « représente le dieu Mome, bouf-

fon des dieux, suivi de six insensés qui ont perdu l'esprit pour avoir trop aimé, » et *mademoiselle Molier* «·représente une des Heures qui éveillent l'impatience de l'Amour. »

Molier ou Molière avait atteint, à ce moment, l'apogée de sa gloire chorégraphique, poétique et musicale.

Lorsque M. Hesselin, maître de la Chambre aux deniers du roi, reçoit dans sa maison d'Essonne la reine Christine de Suède, le 6 septembre 1656, « le sieur de Molière » est chargé de la composition et de l'exécution du ballet qui fut dansé devant cette reine. « Dans la rencontre de ce magnifique divertissement, lit-on dans la Relation de cette fête (Paris, Ballard, 1656, in-4°), on peut dire sans flatterie que le sieur de Molière *(sic)* s'est surpassé lui-même, tant par lesdits beaux vers et le merveilleux air du ballet, lequel fut accompagné d'une symphonie toute divine, que par la politesse et la justesse de sa danse, faisant admirer à tout le monde ce qui rassemble en sa seule personne un poëte galant, un savant musicien et un excellent danseur. »

Le lendemain, la fête continua en l'honneur de la reine Christine, et madame de
Saint-Thomas chanta plusieurs airs italiens
et français, « accompagnée du sieur de Molière touchant le tuorbe, avec des agréments
égaux aux charmes d'une voix si belle et si
forte, qu'elle peut chanter un récit de quatre-
vingts vers sans rien perdre de sa première
justesse et de sa première douceur. » Dans
un second divertissement, « la petite fille de
M. de Molière, ajoute la même relation,
dansa au son d'une guitare une sarabande
avec des batteries de castagnettes. »

Le récit du ballet dont le sieur de Molière
avait composé les vers et la musique, an-
nonce, en effet, un poëte que l'auteur de
l'*Étourdi* et du *Dépit amoureux* n'eût pas dédaigné d'appeler son frère en Apollon. Voici
ces trois strophes, qui ont presque la netteté
du style de notre véritable Molière, et qu'un
autre sieur de Molière avait mis dans la
bouche de la Renommée, s'adressant à Christine de Suède :

Reine, dont les mortels adorent la présence,
Moi qui parle en tous lieux, et qui parle de tout,

Je viens pour t'assurer qu'il n'est point d'éloquence
Que tes rares vertus ne puissent mettre à bout :
Tout cède à ton esprit, et d'un pouvoir suprême
Toi seule peux parler dignement de toi-même.

Tes grandes actions, qui n'ont point de pareilles,
A me faire parler ont servi mille fois ;
Aussi, pour célébrer tes divines merveilles,
Il faut plus d'une langue, il faut plus d'une voix.
Mais, bien qu'à te louer j'apporte un soin extrême,
Toi seule peux parler dignement de toi-même.

Abaissant à tes pieds ce que tous les monarques
Portent dessus leur tête et tiennent dans leurs mains,
Ne fais-tu pas bien voir, par ces illustres marques,
Que si tu dois régner, c'est sur tous les humains ?
Par ce divin esprit, et ce pouvoir suprême,
Toi seule peux parler dignement de toi-même.

Ce ne sont pas les seuls vers que le faux Molière ait faits et publiés. On en trouverait beaucoup dans les recueils de poésies du temps, et quelques-uns sont assez bien tournés pour qu'on les puisse attribuer à son illustre homonyme.

Il y a, par exemple, une sarabande et une sérénade pour le roy, signées *M. de Mollier*, dans le *Recueil des plus beaux vers qui ont été mis en chant* (Paris, Ch. de Sercy, 1661, in-12). Le savant M. Walckenaer nous a dit qu'il possédait, de ce Molière-là, un volume de sonnets que nous n'avons vu cité nulle part.

On peut croire que les talents variés du Molière des ballets l'avaient mis tout à fait à la mode ; car, en 1657, le programme de la mascarade des *Plaisirs troublés*, dansée devant le roi par le duc de Guise, consacre le quatrain suivant « au sieur de Mollier », qui représentait un galant :

Chanter, galantiser, sont les beaux-arts que j'aime ;
Tous deux à mon génie ont beaucoup de rapport ;
Quand par mon chant j'exprime un amoureux transport,
Je sens ce que j'exprime et parle pour moi-même.

L'apparition d'un second Molière sur la scène dramatique ne tarda pas sans doute à porter ombrage à l'ancien, qui n'était pas de force à rivaliser avec ce grand comédien, avec ce grand écrivain.

Le Molière de la musique et de la danse continua pourtant à remplir ses rôles dans les ballets du roi : en 1659, il parut avec sa fille, mademoiselle Mollier, dans le ballet de la *Raillerie*, à « l'entrée des amants et des maîtresses » ; en 1661, au ballet de la *Prospérité des armes de la France*, il représenta une des trois Parques ; puis une des trois Grâces ;

au ballet des *Saisons,* dit *Ballet du Roi,* dansé
aussi par Louis XIV cette année-là, il figura
quatre masques différents dans quatre entrées de danse et de musique. Il n'y eut pas
de ballet nouveau dansé à la cour en 1662;
mais, en 1663, dans le ballet des *Arts,* Molière représente une Dame peintre; en 1664,
dans le ballet des *Amours déguisés,* où madame de Montespan et mademoiselle de Sé-
vigné dansaient sous les beaux yeux de la
duchesse de Lavallière, Molière représente
un Amour forgeron, qui forge des dards en
chantant :

- Il faut battre le cœur cependant qu'il est chaud.

A dater de ce *Ballet des Amours déguisés,*
le danseur et le musicien semblent céder la
place au poëte et au comédien : Molière, chef
de la troupe de Monsieur, fait irruption dans
les ballets du roi, danse et mime les rôles où
excellait son homonyme, invente des divertissements et compose des vers à l'imitation
de Benserade, intercale ses comédies dans
des ballets, et devient par degrés le surintendant des plaisirs de Louis XIV.

Ainsi, en 1664, il débute par le *Ballet du Mariage forcé* et par le personnage de Sganarelle ; ainsi, dans le *Ballet des Muses*, exécuté à Versailles le 2 décembre 1666, le programme nous apprend que « Thalie, à qui la comédie est consacrée, a pour son partage une pièce comique, représentée par les comédiens du roi, et composée par celui de tous nos poëtes qui, dans ce genre d'écrire, peut le plus justement se comparer aux anciens. »

Cette comédie était l'*Amour médecin*, et, dans le divertissement, Arlequin, Scaramouche et Valério représentaient les orateurs grecs ; Montfleury, Poisson et Brécourt, les philosophes latins ; tandis que ce quatrain élogieux saluait l'entrée de Molière :

> Le célèbre Molière est dans un grand éclat :
> Son mérite est connu de Paris jusqu'à Rome ;
> Il est avantageux partout d'être honnête homme,
> Mais il est dangereux avec lui d'être un fat.

L'autre Molière s'était à peu près retiré du théâtre et de la cour, ainsi que sa fille, mariée à un musicien nommé Itier, qui avait dansé avec elle dans les ballets du roi. Cependant, ils prêtèrent quelquefois leur concours à ces ballets, malgré le danger de la comparaison. Dans les *Plaisirs de l'Ile enchantée*, en 1664, on avait même vu mademoiselle Molière représenter le Siècle d'or et réciter des vers ; Molière représenter Pan, dans une machine, avec mademoiselle Béjart en Diane ; et *Mollière* chanter sa partie dans un quatuor de Valets de chiens, avec Estival, Don et Blondel.

La confusion était sans doute moins grande alors pour les spectateurs du ballet et de la comédie, qu'elle ne l'est aujourd'hui pour nous, qui hésitons entre deux Molière et entre deux demoiselles Molière. Était-ce la femme d'Itier ou la femme de Poquelin? Faut-il reconnaître l'auteur de la *Princesse d'Élide*, déguisé en Pan, dans cette machine où la demoiselle Madeleine Béjart faisait le personnage de Diane? N'est-il pas évident que Molière, qui jouait dans la comédie le rôle de Moron, ne pouvait pas chanter en même temps la partie d'un des quatre valets de chiens? Cette confusion, il faut bien le déclarer, est telle, que nous renonçons à l'éclaircir, et la présence de deux Molière dans ces programmes de ballets nous laisse fort indécis pour deviner et pour décider quel est le nôtre.

Quoi qu'il en soit, le *Molier* danseur et musicien survécut à son illustre homonymè, et se fit appeler *Molière* comme celui-ci ; en 1678, le *Mercure galant* nous raconte qu'il avait mis en musique une espèce de petit opéra intitulé : *Andromède attachée au rocher et délivrée par Persée*, dont les paroles étaient de l'abbé Tallemant : il faisait chanter chez lui sa musique par sa fille mademoiselle Itier, qui la chanta au Louvre « pour madame de Thiange. » Pavillon, dans une épître en prose et en vers adressée à cette dame, fait l'éloge le plus délicat de sa beauté, de son talent et de son esprit.

Ce ne serait pas un paradoxe trop invraisemblable que de supposer des rapports d'amitié existant de longue date entre le danseur du roi et le comédien du roi. Le jeune Poquelin avait peut-être débuté au théâtre d'après les conseils et sous les auspices de cet ordonnateur de ballets. Peut-être lui avait-il, par reconnaissance, emprunté son nom de *Molier*, en montant sur les planches et en s'enrôlant dans une troupe de comédiens ? Est-ce que l'auteur de l'*Étourdi*, qui a fait de nombreux divertissements pour les fêtes de la cour, n'a pas exercé, dès l'année 1652, ses dispositions chorégraphiques en composant le ballet des *Incompatibles* ?

On pourrait donc avancer, avec une certaine apparence de probabilité, que Poquelin Molière se regardait comme le fils adoptif du sieur de Molière, père de mademoiselle Itier.

XI

Nous avons fort peu de détails sur les relations de notre grand comique avec les auteurs et les artistes contemporains. Chose étrange! il est rarement nommé dans les ouvrages de ses amis, qui étaient cependant la plupart assez obscurs pour faire parade d'une si glorieuse amitié. Beys, Magnon, de Prades, Boyer, Hesnault, Cyrano de Bergerac, Guérin de Bouscal, ne lui ont pas adressé un seul vers.

« J'aurais, dit-il dans la préface des *Pré-cieuses ridicules*, parlé à mes amis, qui, pour la recommandation de ma pièce, ne m'au-raient pas refusé ou des vers français ou des vers latins ; j'en ai même qui m'auraient loué en grec. » Molière est le premier auteur qui ait publié ses pièces sans les faire précéder de poésies laudatives signées par ses amis, comme c'était l'usage généralement reçu.

Rotrou et Corneille avaient d'abord payé tribut à cet usage ridicule, que l'exémple de Molière fit bientôt abandonner.

Molière ne plaça même pas, en tête de son *École des femmes*, les charmantes stances que Boileau lui avait adressées après la première représentation de cette comédie. Boileau et Lafontaine sont à peu près les seuls qui avaient mis son nom dans leurs vers.

Molière avait pourtant des amis, et son amitié pour eux n'était pas inactive. Quand il fut établi à Paris avec sa troupe, il s'em-pressa de faire appel aux auteurs qui avaient travaillé pour *l'Illustre-Théâtre*, et il leur de-manda des pièces tragiques et comiques ; il accueillit également avec bienveillance les auteurs qui se détachaient des théâtres du Marais et de l'hôtel de Bourgogne. Il joua, en 1659, la *Zénobie*, de Magnon ; en 1660, la *Feinte mort de Jodelet*, de Brécourt ; en 1662, le *Maximien*, de Thomas Corneille, et l'*Oropaste*, de Boyer ; en 1666, l'*Arsace*, de de Prades.

Il ne se borna pas à jouer les œuvres d'auteurs connus : on sait qu'il encouragea les premiers essais de Racine, et qu'il lui donna même le sujet et le canevas de la *Thébaïde*, qui fut représentée en 1664, sur le théâtre du Palais-Royal. Il ne voulut pas être en reste de bons procédés avec les gens de lettres qui s'étaient montrés favorables au succès de ses comédies : mademoiselle Desjardins, devenue madame de Villedieu, avait fait l'éloge de l'auteur et du comédien dans le *Récit de la farce des Précieuses* ; Molière lui fit représenter, en 1665, sa comédie du *Favori* ; Donneau de Visé, dans les *Nouvelles nouvelles* et dans le *Mercure galant*, avait parlé en termes assez flatteurs de la troupe des comédiens de Monsieur, ainsi que de leur chef, que ses confrères n'avaient guère accoutumé à tant d'indulgence; Molière, quoique de Visé fût un des auteurs ordinaires de l'hôtel de Bourgogne, ne lui refusa pas, en 1666 et 1667, de faire jouer trois de ses comédies, la *Mère coquette*, *la Veuve à la mode* et *Délie*.

C'était là, de la part de Molière, des concessions d'autant plus délicates, qu'il n'avait pas besoin de recourir à des plumes étrangères pour écrire les pièces de son répertoire, et que ses ouvrages seuls suffisaient à la vogue de son théâtre.

Il avait peu d'amis, mais beaucoup de relations de monde ou plutôt de coulisses; car son théâtre était devenu le rendez-vous des gens de qualité, qui y venaient moins pour assister à la représentation que « pour causer avec Molière. »

Ce fut une espèce de mode qui fit la fortune de ce théâtre, au détriment de ceux du Marais et de l'hôtel de Bourgogne.

Ces habitués de la comédie de Molière lui apportaient des notes et des mémoires, dans lesquels on lui signalait les ridicules et les choses plaisantes qui pouvaient servir à ses pièces. « Je le vis, raconte de Visé dans ses

Nouvelles nouvelles, bien embarrassé un soir, après la comédie, qui cherchoit partout des tablettes pour écrire ce que lui disoient plusieurs personnes de condition, dont il étoit environné, tellement que l'on peut dire qu'il travailloit sous les gens de qualité pour les apprendre après à vivre à leurs dépens, et qu'il étoit leur écolier et leur maître tout ensemble. Ces messieurs lui donnent souvent à dîner pour avoir le temps de l'instruire, en dînant, de tout ce qu'ils veulent lui faire mettre dans ses pièces; mais, comme ceux qui croient avoir du mérite ne manquent jamais de vanité, il rend tous les dîners qu'il reçoit, son esprit le fesant aller de pair avec beaucoup de gens qui sont beaucoup au-dessus de lui. »

Ce curieux passage, que les historiens et les commentateurs de Molière ont trop négligé, nous fait connaître de quelle manière ont été composées les premières comédies de Molière, et par quels motifs particuliers les spectateurs étaient intéressés à fréquenter son théâtre : « Tel y va pour un vers, tel pour un demi vers; tel pour un mot, et tel pour une pensée dont il l'aura prié de se servir. »

Ces collaborateurs anonymes, que Molière semble avoir voulu dépeindre dans l'*Impromptu de Versailles* sous le nom de *nécessaires*, donnèrent ainsi à ses comédies le succès de malice et de scandale qui ne fit pas défaut plus tard aux *Caractères* de Labruyère.

Quant aux vrais amis de Molière, il est facile de les compter, en citant son camarade de philosophie Chapelle, le poëte Magnon, le graveur Chauveau, le peintre Mignard, le fils unique du savant Lamothe-Levayer, les deux Corneille, Boileau et Lafontaine.

Magnon et Lamothe-Levayer moururent avant lui.

Magnon fut assassiné par des coupeurs de bourse sur le Pont-Neuf, un soir du mois d'avril 1662, lorsqu'il préparait la publication d'un poëme encyclopédique, sous le titre de la *Science universelle*, poëme qui ne devait pas renfermer moins de 200,000 vers héroïques, et dont les premiers livres seulement parurent, après sa mort, en un volume in-folio.

Lamothe-Levayer fils, que Boileau aimait
et estimait assez pour lui adresser une de
ses satires, fut enlevé presque subitement
par une maladie, à l'âge de trente-cinq ans,
en septembre 1664, et Molière lui fit, en
quelque sorte, une glorieuse épitaphe dans
le sonnet qu'il envoya au père de ce regret-
table jeune homme : « C'est consoler un philosophe, écrivit-il alors à l'illustre vieillard,
que de lui justifier ses larmes. »

La victime de cette mort prématurée n'a-
vait encore rien mis au jour, excepté les
notes d'une traduction de *Florus*, que Monsieur, frère du roi, était censé avoir faite, et
qui parut, en 1656, sous le nom de ce prince,
par les soins de son illustre précepteur,
François de Lamothe-Levayer. Celui-ci fut
certainement un des protecteurs de Molière
auprès de Monsieur. Le fils de Lamothe-
Levayer n'avait pas peu contribué sans doute
à recommander son ami au prince qui l'honorait de ses bonnes grâces.

Cette liaison de jeunesse explique comment Molière, en arrivant à Paris, eut l'honneur de jouer devant le roi et devint le chef

de la troupe des comédiens de Monsieur.

Molière ressentit vivement la perte de ce compagnon d'études et de plaisirs.

> Ses vertus d'un chacun le faisoient révérer;
> Il avait le cœur grand, l'esprit beau, l'âme belle;
> Et ce sont des sujets à toujours le pleurer.

L'abbé de Lamothe, oncle de celui qui mourut en 1664, et frère du précepteur de Monsieur, était aussi un des commensaux ordinaires de Molière et de Chapelle; il allait *buvotter* avec eux au cabaret de la Croix-de-Lorraine,

> Lieu propre à se rompre le cou,
> Tant la montée en est vilaine,

dit Chapelle, dans une épître au marquis de Jonsac, où il raconte un de ces repas joyeux qui réunissaient l'*illustre chevalier* QU'IMPORTE (on n'a pas encore découvert le personnage de ce sobriquet), Laporte, le comte de Lignon, l'abbé du Broussin, Desbarreaux, Fauvelet du Toc, et

> Molière, que bien connaissez
> Et qui vous a si bien farcés,

Messieurs les coquets et coquettes,
Le suivoit et buvoit assez
Pour vers le soir être eu goguettes.

Dans la nomenclature des convives ordinaires de la Croix-de-Lorraine, Chapelle regrette seulement l'absence de Petitval, de Dampierre et de Laplanche, dont il célèbre la capacité bachique, mais il ne fait pas mention de Mignard et d'Hénault ou Hesnaut, qui étaient ses amis aussi bien que ceux de Molière.

Guy-Patin a réparé en partie cette omission dans ses Lettres, puisque le *Patiniana,* publié par le président Cousin, lui fait dire, d'après sa correspondance : « D'Hénaut, qui a fait le sonnet *sur l'avorton* de Mlle***, est fils d'un boulanger de la rue Saint-Honoré. Il eut d'abord une commission en Forest, mais il revint à Paris par débauche, et là, il n'a jamais fait d'autre vie; il voit souvent deux hommes qui ne sont pas plus chargés d'articles de foi que lui. Ce sont Chapelle et Molière. Ce dernier est un comédien d'importance qui a une jolie femme, qui est fille de la Béjart, autre comédienne. »

Quant à Mignard, ses rapports d'amitié avec Molière sont attestés non-seulement par sa *Vie*, écrite par sa fille Mme de Feuquières, sous le nom de l'abbé de Monville, mais encore par la *Gloire du Val-de-Grâce*, poëme didactique, consacré à l'éloge du fameux peintre que Molière élevait au-dessus de tous les autres. Aussi, quand ce poëme parut en 1669, chez P. Lepetit, avec des culs-de-lampe gravés par Chauveau, un ami de Lebrun se chargea d'y répondre en vers de huit syllabes, et envoya cette critique à Molière avec une lettre où il lui disait :

> Si tu fais bien les vers, tu sais peu la peinture :
> Jamais dans ce bel art tu ne fus grand docteur.
> Moi, j'ignore du tien la règle et la mesure,
> Et je suis sur la rime un fort pauvre orateur ;
> Mais nous ferions pourtant un ouvrage sublime
> Si nous voulions tous deux faire une liaison,
> Car on trouve en tes vers l'éloquence et la rime,
> Et moi, de mon côté, j'ai toute la raison.

Cette critique, assez bien fondée, s'adressait à Mignard bien plus qu'à Molière, qui n'avait fait que rimer des détails techniques et abstraits qu'il n'entendait pas, et que quelque artiste lui avait suggérés.

Quoique ce poëme fût inférieur aux plus faibles ouvrages de Molière, malgré l'approbation de Boileau, trop aveugle ou trop indulgent, Mignard se tint pour très-satisfait de la poésie rocailleuse et inintelligible que sa peinture avait inspirée. Son attachement pour Molière s'en accrut encore, et il mit son pinceau et sa palette au service de son ami.

On a de Mignard au moins trois portraits de Molière; J.-B. Nollin en grava un, en 1685, in-folio; l'année suivante, Hébert en grava un autre; ces mêmes portraits ont été gravés ensuite par Desrochers, Audran, etc.

La piquante *Réponse à la Gloire du Val-de-Grâce*, dont l'auteur serait un peintre ou amateur, n'a été imprimée qu'en 1700, dans *Anonymiana, ou mélanges de poésies, d'éloquence et d'érudition*, lorsque la *Gloire du Val-de-Grâce* était déjà tombée dans l'oubli. Ce n'est pas de ce poëme-là que Saint-Evremont disait : « Je n'ai de curiosité que pour les ouvrages de Corneille et de Molière. »

Molière dînait aussi quelquefois avec ses comédiens, mais c'était plutôt au cabaret des Bons-Enfants (situé sans doute dans la rue de ce nom), où le festin coûtait environ 44 livres, que l'on prélevait sur la caisse du théâtre.

Coypeau d'Assoucy, qui s'était assis à la table hospitalière des Béjart, pendant son séjour à Montpellier et dans le Languedoc en 1654, ne retrouva pas chez eux le même accueil, lorsqu'il reparut à Paris, après ses aventures et ses mésaventures de France et d'Italie.

Ce pauvre d'Assoucy avait été déshonoré moins par ses mauvaises mœurs et son triste procès à Montpellier, que par le *voyage* de Chapelle et de Bachaumont. Ce spirituel *Voyage*, en prose et en vers, était dans les mains de tout le monde, et dès que d'Assoucy revint de Rome avec ses *pages de musique*, les maisons honnêtes et même les théâtres lui furent fermés.

Molière n'osa pas braver l'opinion jusqu'à le défendre, et pourtant le récit de Chapelle n'était rien moins qu'authentique.

D'Assoucy en avait eu connaissance lorsqu'il habitait Rome, et il s'était empressé d'écrire à son *très-cher et très-parfait* ami Chapelle, le 25 juin 1665 : « Depuis le jour

que vous me donnâtes à dîner à Paris au
Chêne-Vert, où, si je ne me trompe, vous
bûtes tant à ma santé que vous en pensâtes
altérer la vôtre, je ne me souviens pas de
vous avoir vu dans aucun endroit de cet hémisphère. Cependant vous dites dans vos
écrits, que vous m'avez rencontré à Montpellier, et, depuis, sur le chemin d'Avignon.
Est-ce ainsi que vous traitez vos amis, vous
qui, du temps que vous recherchâtes ma connaissance, n'étiez encore qu'un écolier, et
qui adoriez mon esprit, pour le moins autant
que les amis de vos bonnes qualités en ado-
raient les charmes? Pour conduire vos pas
sur le sacré mont, vous n'avez point eu d'autre guide que moi, ni d'autre cheval pour
vous y porter que mon Pégase. » (Voyez
cette lettre dans les *Rimes redoublées* de
M. d'Assoucy.)

Molière rendit certainement de nouveaux
services pécuniaires au malheureux d'Assoucy, mais il évita de renouer des rapports
de camaraderie avec un homme qui sortait
des prisons du Saint-Office de Rome, et qui
avait failli être condamné au feu, sinon à la

potence, sur les accusations qu'il amassait contre lui depuis quinze ans.

D'Assoucy, aigri par le malheur, blessé des répugnances qui le suivaient partout, oublia le généreux appui que lui avait prêté Molière, et, dans un accès d'injuste colère, attaqua son ancien bienfaiteur.

Voici cette satire qu'il supprima lui-même, nous aimons à le croire, car elle ne se trouve que dans un fragment de recueil incomplet (46 pages, numérotées de 91 à 136), à la suite d'un exemplaire des *Rimes redoublées*, lequel existe à la Bibliothèque de l'Arsenal et provient de celle du duc de la Vallière :

Malgré le malin détracteur,
J'ai toujours été serviteur
De l'incomparable Molière,
Et son plus grand admirateur,
Car sur l'un et l'autre hémisphère
Onc ne fut si galant auteur.
Tu m'en crois bien, ami lecteur ;
Pour moi je l'aime et le révère,
Oui, sans doute, et de tout mon cœur.
Il est vrai qu'il ne m'aime guère.
Que voulez-vous ? c'est un malheur.
L'abondance fuit la misère,
Et le petit et pauvre hère
Ne cadre point à gros seigneur.

« Chapelle fut pourtant autrefois mon ami,
et je crois qu'il le serait encore, si ses excellentes qualités lui pouvaient permettre d'aimer
d'autre que lui-même. Il sait que c'est moi
qui ai donné l'âme aux vers de l'*Andromède*
de M. Corneille; que j'étais en réputation de
faire de beaux vers auparavant que tous ces
illustres amphyons de notre temps y eussent
jamais pensé. A mon très-grand regret, je
puis me vanter d'être le doyen de tous les
musiciens de France... Il ne se fit pas grande
violence pour me prier de faire la musique
de ses pièces de machines, puisque je ne
fais la musique auprès des rois que pour
ma gloire et pour mes amis, sans intérêt.
Cependant, ayant été averti qu'au préjudice
de la parole qu'il m'avait donnée, il employait
un garçon qui, pour avoir les ventricules du
cerveau fort endommagés, n'est pas pourtant un fol à lier, mais un fol à plaindre, et
qui, ayant eu, dans Rome, besoin de mon pain
et de ma pitié, n'est guère plus sensible à
mes grâces que tant d'autres vipères que j'ai
nourries dans mon sein; je lui écrivis :

« Je suis charmé et surpris tout ensemble

d'une nouvelle que j'appris hier : on m'assura
que vous étiez sur le point de donner votre
pièce de machines à l'incomparable M... pour
en faire la musique, quoique le rapport qu'il
y a de ses chants à vos beaux vers ne soit
pas tout à fait juste, et que cet homme, qui
sans doute est un original, ne soit pas pourtant si original qu'il ne s'en puisse trouver
aux Incurables quelque copie... Si vous
daignez vous souvenir de la promesse que
vous me fîtes, lorsque je vous allai voir
durant votre dernière maladie, aujourd'hui
que perdant M. Lulli, vous ne sauriez tomber
que de bien haut, vous auriez quelque pitié
de vos chers enfants, qui sont à la veille de
se rompre le col, et ne les sacrifieriez pas à
l'ignorance de ceux qui ne me connaissent
pas, ou à l'envie de ceux qui me connaissent.
Vous ayant offert et vous offrant encore par
cette lettre de faire votre musique purement
pour mon plaisir ; et d'ailleurs, ne pouvant
douter ni de l'affection que j'ai toujours eue
pour votre personne, ni de l'estime que j'ai
pour votre mérite, non plus que de ma capacité, vous ne sauriez me manquer de parole,

sans faire éclater à la vue de tout le monde une aversion d'autant plus injuste, que ceux qui lisent mes ouvrages et m'entendent parler de vous savent très-bien que vous n'avez point de plus grand estimateur ni de meilleur ami que moi, qui suis et serai encore, après cela, toute ma vie, votre... »

» Je crois pourtant qu'il avait fait ce qu'il avait pu pour me tenir parole et me procurer un si glorieux emploi; mais quoi! parmi les comédiennes, il y a toujours des héroïnes et des déesses qu'il faut encenser; mais si, pour l'archet de ma lyre, je n'ai pas seulement de poix-résine, comment aurai-je de l'encens pour de fausses divinités, et comment, étant si fort brouillé avec le beau sexe, pouvais-je pacifier tant de vierges irritées, n'ayant plus rien désormais à leur donner ? »

Cette lettre de d'Assoucy à Molière porte sa date dans les faits qu'elle contient.

Molière s'était brouillé avec Lulli, après l'ordonnance royale du 14 avril 1672, que ce dernier avait obtenue, et qui défendait à tous autres théâtres que celui de l'Académie royale de Musique, d'employer plus de six chanteurs et de douze violons à la fois. La musique du *Malade imaginaire* devait donc être composée par Charpentier, à défaut de Lulli, et Molière, selon la tradition, ne dédaigna pas de fournir quelques motifs de sa composition à cette musique. Ce fut alors certainement que d'Assoucy avait revendiqué l'honneur de remplacer Lulli, et s'était posé comme concurrent vis-à-vis de Charpentier, qu'il ne ménage pas dans sa lettre à Molière.

La mort de celui-ci, arrivée presque subitement après la quatrième représentation du *Malade imaginaire*, détermina probablement la suppression du nouvel ouvrage que d'Assoucy avait mis sous presse : il le sacrifia lui-même à la mémoire de son ami, et à peine l'auteur du *Tartuffe* était-il inhumé dans le cimetière Saint-Joseph, que d'Assoucy publia l'*Ombre de Molière et son épitaphe* (Paris, J.-B. Loyson, 1673, in-4° de 2 f. et 7 p.), opuscule dédié au duc de Saint-Aignan, et consacré à l'éloge du défunt, quoique ce grand homme, dit-il, « eût plus de talent pour se faire des envieux que pour s'acquérir des amis. »

C'était, de la part de d'Assoucy, un acte de courage que de rendre hommage au caractère et au génie de Molière, « au milieu de tant de jaloux qui, comme il le dit, font vanité de remuer ses cendres et de déchirer sa mémoire. »

La police, à l'instigation des ennemis du défunt, s'émut de cette publication, aussi honorable pour l'auteur qui l'avait faite que pour le célèbre écrivain qui l'avait inspirée. Le malheureux d'Assoucy fut encore une fois dénoncé, accusé d'athéisme, à l'occasion de l'*Ombre de Molière*, qu'on fit saisir chez le libraire, et il alla réfléchir, dans les prisons de la Conciergerie, sur le danger qu'il y avait pour lui à se montrer reconnaissant, même envers les morts.

Le pauvre vieux poëte (il avait plus de soixante-dix ans) resta quatre jours couché sur la paille, sans remuer et sans vouloir prendre d'aliments. « Lorsque j'y pensais le moins, raconte-t-il dans sa *Prison*, publiée en 1678, je vis entrer dans mon cachot une bouteille de vin, un pain de Ségovie, avec un plat d'épinards, et un homme qui portait tout cela, qui me dit, de la part de mon ami Béjart et de sa généreuse famille, que je prisse cœur, que je me consolasse et que je ne manquerais d'aucune chose. »

Les Béjart, en venant à l'aide de l'innocent prisonnier, étaient fidèles au souvenir de Molière, qui avait fait leur réputation et leur fortune.

D'Assoucy ne fut pas le seul qui osa vanter le grand génie que la France venait de perdre; les vers français et latins se multiplièrent tellement sur ce sujet, qu'on en forma plusieurs recueils, qui circulèrent d'abord manuscrits, et qui furent ensuite imprimés.

Tous ces vers n'étaient pourtant pas des panégyriques : les faux dévots et les médecins, que Molière avait cruellement maltraités, se donnèrent, sur sa tombe, le plaisir des représailles.

XII

Lagrange, dans la Préface de son édition
des œuvres de Molière, et Grimarest, dans la
Vie de ce célèbre comédien, ont fait un récit
à peu près identique des circonstances de sa
mort. L'abbé Bordelon, dans son recueil de
Diversités (Amsterdam, 1699, 10 vol. in-12),
ajoute à ce récit quelques circonstances nouvelles : « Un jour qu'il devait jouer le *Malade
imaginaire*, rapporte Bordelon, il se trouva
fort indisposé et fut sur le point de ne pas
monter sur le théâtre ; mais quand il eut vu

la foule du monde qui attendait cette représentation, il s'efforça et joua presque jusqu'à la fin, sans s'apercevoir que son incommodité était augmentée; mais, dans l'endroit où il contrefait le mort (acte III), il demeura si faible qu'il crut qu'il l'était effectivement. On eut beaucoup de peine à le relever. On lui conseilla de ne point achever et de se mettre au lit. Il ne laissa pas de vouloir finir, parce que la pièce était fort avancée ; il crut pouvoir aller jusqu'au bout sans se faire beaucoup de tort; mais le zèle qu'il avait pour le divertissement du public eut une suite bien cruelle, car dans le temps qu'il récitait ces vers :

> Grandi doctores doctrinæ
> De la rhubarbe et du séné,

dans la Cérémonie des médecins, il lui tomba du sang de la bouche, ce qui ayant effrayé les spectateurs et ses camarades, on l'emporta chez lui fort promptement, où il mourut quelques heures après, jetant le sang en abondance par la bouche. »

Il est certain que Molière laissa beaucoup de manuscrits, des plans, des notes, des co-

médies commencées, entre autres, celle de
l'*Ambitieux*; mais ces manuscrits ont été perdus depuis, ou peut-être anéantis avec intention. Lagrange en avait une partie entre les
mains, lorsqu'il prépara l'édition de 1682,
qu'il annonçait comme revue sur ces manuscrits autographes.

Au reste, Molière, dont on ne possède pas
un seul feuillet d'écriture, n'avait pas, comme
on l'a dit, cette insouciance qu'il affectait
pour ses ouvrages et pour les éditions qu'il
en publiait lui-même à ses dépens.

Dans les exemplaires du *Tartuffe*, « imprimé aux despens de l'autheur, » et vendu à
Paris chez Jean Ribou, en 1669; dans ceux
des *Femmes savantes*, dont l'édition « se vend
pour l'auteur à Paris au Palais et chez Pierre
Promé, » en 1672, on remarque des correc-
tions manuscrites qui pourraient bien être
de la main de Molière, et qui prouvent avec
quel soin ces exemplaires étaient revus.

Dorimont, dans un opuscule anonyme :
*Descente de l'âme de Molière dans les Champs
élyzées* (Lyon, Jullieron, 1674, in-8° de 22 p.),
répète un bruit qui avait couru dans le monde

dramatique : il prétend que Prosper, bouffon de Braguette, vendit, après la mort de l'opérateur italien, tous ses manuscrits de farce à Molière, qui en tira plusieurs comédies.

Ces manuscrits de Braguette n'eurent pas un sort plus heureux que ceux de Molière.

Ces derniers existaient pourtant encore en 1699, entre les mains de Nicolas Guérin, fils de la veuve de Molière, remariée au comédien Guérin d'Étriché.

Ce Guérin, qui se permit de continuer la *Pastorale comique* de Molière, et de mettre en vers irréguliers ce qui était en grands vers dans les deux actes de son illustre devancier, en s'inspirant de l'histoire de Timarette et de Sésostris, dans le roman de Cyrus, où il pense que Molière avait puisé son sujet, Guérin déclare d'ailleurs n'avoir trouvé dans les *papiers* de Molière ni le moindre fragment ni la moindre idée du troisième acte de la Pastorale. C'est dans la préface de *Myrtil et Mélicerte*, jouée et imprimée en 1699, que Guérin fait cette déclaration.

Il était âgé, assure-t-on, de vingt ans, au moment où il disposait de la sorte des *papiers* de Molière, qu'il rhabillait, le profane, en vers alexandrins! Était-ce aussi dans les *papiers* de Molière qu'il avait trouvé la comédie de la *Psyché de village*, qui ne fut représentée qu'une seule fois au Théâtre-Français, le 27 mai 1705, malgré ses cinq actes en prose, son prologue et ses intermèdes mis en musique par Gilliers?

Ce fut, du moins, de ces *papiers* que la veuve de Molière fit sortir les *OEuvres posthumes*, que Molière n'avait pas voulu faire imprimer, et qu'elle vendit, en 1679, au libraire Denis Thierry, qui les publia en deux volumes, contenant les *Amants magnifiques, don Garcie de Navarre*, l'*Impromptu de Versailles*, la *Comtesse d'Escarbagnas* et *Mélicerte*. « On disait, lit-on dans les *Diversités* de Bordelon, que le sieur Thierry, libraire de la rue Saint-Jacques, a donné 150 livres à la veuve de Molière pour les pièces qui n'avaient pas été imprimées du vivant de l'auteur. Si cela est vrai, il y a longtemps qu'il a retiré son argent. Il y gagnera encore de quoi bâtir un appartement des plus magnifiques dans le Château-Thierry, si l'envie lui en prend. »

Il est un ouvrage fort important, dont le manuscrit aurait dû se trouver, à notre avis, parmi les papiers de Molière : c'est l'*Histoire des révolutions de la ville et du royaume de Naples,* par le comte de Modène.

Cette histoire fut publiée sous le nom du comte, en 1667, chez Louis Billaine, Jean Guignard et Thomas Jolly, libraires, qui publiaient ou vendaient, à cette époque, les comédies de Molière. Les trois volumes in-12 qui la composent furent imprimés, le premier volume en 1665, et les deux derniers en 1667. Sans doute le comte de Modène se piquait de faire des vers et de la prose, mais on peut parier que sa prose n'était pas celle que l'on admire dans cette histoire, et qui a beaucoup d'analogie avec la prose de Molière. On comprend que ce grand écrivain, en retouchant, en récrivant la narration du comte, son ami et son protecteur, l'ait laissé, dans sa préface, s'excuser des fautes d'impression et de *celles qui choquent l'usage et la pureté du langage.* Il suffit de lire attentivement cette belle histoire, pour reconnaître à chaque page la plume qui a tracé les scènes éloquentes de *Don Juan.*

L'édition originale de l'*Histoire des révolutions de la ville et du royaume de Naples* est si rare, qu'on en connaît à peine trois ou quatre exemplaires, mais elle a été réimprimée, en 1826, par les soins du marquis de Fortia d'Urban.

Je ne me suis pas occupé de la femme de Molière, de cette Armande-Gresinde Béjart, qui était probablement fille de Madeleine Béjart et du comte de Modène. M. Taschereau, et, avant lui, Beffara et Fortia d'Urban, ont étudié, avec une critique judicieuse, ce point capital de la vie de Molière.

Il y a, d'ailleurs, un petit livre qui doit être considéré comme un document authentique, et qui ne laisse rien à désirer sur l'intérieur du ménage de Molière et sur les aventures de sa veuve.

Ce livre, intitulé la *Fameuse comédienne, ou Histoire de la Guérin*, a été fort mal à propos relégué parmi les romans ou du moins les pamphlets calomnieux. Il a paru pour la première fois à Francfort, chez Frans Rottenberg, en 1668, et il a été réimprimé et contrefait plusieurs fois, la même année, avec

des changements et des suppressions, sous le
titre des *Intrigues de Molière et celles de sa
femme*.

Barbier attribue ce curieux volume à une
comédienne nommée Mme Boudin, que l'histoire du théâtre n'a pas mise en grand renom ;
mais, avant une attribution aussi probléma-
tique, La Fontaine passait pour être l'auteur
de cette satire véridique, dans laquelle le
laisser-aller du style, la finesse de certains
traits et la grâce du récit ne sont pas indignes
de lui.

La Fontaine avait été amoureux de la Béjart : ce n'était pas, il est vrai, un motif suffi-
sant pour se venger d'elle, surtout par une
satire anonyme.

L'Histoire de la Guérin, quel qu'en soit
l'auteur, devrait, comme la *Vie de Molière* par
Grimarest, avoir sa place en tête de toutes
les éditions complètes de cet inimitable philosophe dramatique.

Nous complétons ce travail sur la jeunesse de Molière par la reproduction de la pièce originale qui a été l'occasion de nos recherches.

Il n'en existe qu'un seul exemplaire, que le hasard nous a fait découvrir à la Bibliothèque Nationale, où les conservateurs eux-mêmes ne soupçonnent pas encore son existence.

Ce programme de ballet, quoique ingénieux et spirituel, ne mériterait peut-être pas d'échapper à l'oubli, si Benserade ou quelque

autre poëte de cour en avait fait les vers;
mais Molière en est l'auteur, et ce grand nom
en rehausse la valeur littéraire.

D'ailleurs, il n'a été imprimé qu'une seule
fois, pour les spectateurs du ballet, et il n'a
jamais figuré dans les éditions des œuvres
de Molière.

BALLET

DES INCOMPATIBLES,

DANSÉ A MONTPELLIER, EN 1654,

Devant le prince de Conti.

Le marquis de Rebé, qui représentait *la Vertu*; le baron de Gange, qui représentait *un Philosophe*; le baron de Vauvert, qui représentait *un Charlatan*; et le baron de Ferrals, étaient au nombre des douze barons *de tour*, qui entraient de 12 ans en 12 ans à l'assemblée des États de Languedoc. Le baron de Ferrals avait le titre de comte de Merinville et de Rieux; son frère s'appelait M. d'Augerville, tous deux fils de François des Moutiers, lieutenant général des armées du roi, commandant celle de Catalogne sous le prince de Conti. Le baron de Vauvert était Pierre d'Auteuille, seigneur de Montferrier, conseiller du roi en la Cour des comptes et des finances du Languedoc. Le baron de Florac se nommait François de Mirmont et il était président trésorier général de France, intendant des gabelles. Le sieur de Manse s'appelait François de Cardaillac, baron de Villeneuve. Le marquis de Bellefont, représentant *le Feu*; le marquis de Villars, représentant *l'Air*; le marquis de Canaples, représentant *la Fortune*, et le marquis de Lavardin, représentant *un Jeune homme,* appartenaient à la maison militaire du prince de Conti. Le secrétaire particulier du prince, le chevalier de Guilleragne, qui venait de succéder à Sarrasin, et qui l'avait emporté, dit-on, sur Molière, que le prince voulait fixer auprès de lui, jouait un rôle de *Philosophe.* Guilleragne ne s'arrêta pas à ces fonctions de secrétaire, qui lui servirent à se mettre bien en cour et à entrer par une bonne porte dans les ambassades. Il était lié avec Molière et avec les principaux littérateurs de son temps; il écrivait lui-même en vers et en prose avec grâce et avec esprit.

BALLET DES INCOMPATIBLES.

PREMIÈRE PARTIE.

RÉCIT.

La Nuit.

Dans le vaste sein de Neptune,
Laisse vite tomber ta lumière importune,
O jour trop curieux qui retarde mes pas ;
C'est aux vœux de ta sœur opposer trop
[d'obstacles :
Un grand prince aujourd'hui m'appelle à des
Où l'on ne te veut pas.   [spectacles

Après que ses faits pleins de gloire
T'ont rendu le témoin d'une illustre victoire,
Dont l'orgueil de l'Espagne a poussé des sou-
[pirs ;
Dans cet empire égal que le sort nous partage,
A mes feux maintenant ne plains pas l'avantage
D'éclairer ses plaisirs.

PREMIÈRE ENTRÉE.

La Discorde,

Représentée par le sieur LA PIERRE.

En me voyant si bien danser
Et charmer par mes airs l'esprit le plus sau-
On peut dire sans m'offenser   [vage,
Que je fais mal mon personnage.

DEUXIÈME ENTRÉE.

Les quatre Éléments.

M. le marquis DE BELLEFONT, *M. le vicomte* DE
LARBOUST, *M. le marquis* DE VILLARS, *M. le
marquis* DE FOURQUES.

M. le marquis de BELLEFONT, *représentant*
le FEU.

Sous les astres plus hauts j'aspire à m'élever.

Peu savent mieux que moi les moyens d'ar-
    A cette lumineuse sphère;   [river
Mais si je sens des feux, c'est pour Mars seu-
                       [lement,
Car pour ceux de l'Amour, quoiqu'il le faille
    Ce n'est pas là mon élément.   [taire,

M. le marquis de LARBOUST, *représentant l'*EAU.

    Je suis de nature inconstante;
    Mon humeur est toujours flottante;
Les autres éléments se déterminent mieux.
    Mon inquiétude est extrême,
Et loin d'être toujours bien d'accord avec eux,
Je ne suis pas toujours d'accord avec moi-
                       [même.

M. le marquis DE VILLARS, *représentant l'*AIR.

Le lieu que je remplis est le plus éclairé;
Un astre des plus grands, digne d'être adoré,
Me laisse à tous moments jouir de la lumière;
L'étage que j'occupe est par là le plus clair,
Mais, quoiqu'en me voyant, ma mine semble
                       [fière,
Je suis pourtant plus doux qu'on ne juge à
                       [mon air.

M. le marquis DE FOURQUES, *représentant*
la TERRE.

En voyant de mes pieds le juste mouvement
 N'être jamais hors de cadence,
 Je crois que personne ne pense
 Que je sois un lourd élément.

TROISIÈME ENTRÉE.

La Fortune et la Vertu.

M. le marquis DE CANAPLES, *représentant*
la FORTUNE.

Cette déesse et moi ne nous trouvons en-
         .[semble
 Que quand un ballet nous assemble,
Quoique pour la chercher mes soins soient
         [assidus.
J'ai beau courir les mers pour suivre la
         [cruelle,
 J'ai beau même danser pour elle,
 Ce ne sont pas des pas perdus.

Quoiqu'elle et moi soyons ici la même chose,
 Jamais d'elle je ne dispose.
Son cœur de mes appas ne peut être en-
         [flammé;

Qui me croirait ainsi traité de ce que j'aime?
 Je suis amoureux de moi-même
 Et je n'en saurais être aimé.

M. le marquis DE REBÉ, *représentant la* VERTU.

 L'éclat dont je suis revêtu
Emprunte de mon nom une clarté nouvelle :
 Pour ressembler à la vertu
Il faut dans ma famille en prendre le modèle.

QUATRIÈME ENTRÉE.

Un Vieillard et deux Jeunes hommes.

M. MONTAIGNE, *Vieillard*; *M. le marquis* DE LA-
VARDIN *et* M. CASTEL, *Jeunes hommes.*

Pour M. MONTAIGNE, *représentant un Vieillard.*

Avec ces jeunes gens je suis incompatible,
Nous n'avons rien en nous qui ne soit opposé :
Leurs corps sont agissans et le mien presque
 [usé
Ne peut de leurs plaisirs se rendre susceptible.
A nous voir en public, d'un même mouvement,
Disposer de nos pieds assez également,
A peine de nos ans fait-on la différence;

Mais on juge aisément, quand on ne les voit pas,
Qu'il est certains endroits qu'ils passent en ca-
  Où je ne puis faire un seul pas. [dence,

M. le marquis DE LAVARDIN, *représentant*
un Jeune homme.

Aucun souci ne me travaille.
J'aime tous les plaisirs et je les sais goûter ;
  Et je suis, sans trop me flatter,
  Un jeune homme de belle taille.

M. CASTEL, *représentant un Jeune homme.*

Peu susceptible de tristesse,
Pour me bien divertir, je ne plains point mes
         [pas,
Et quelquefois j'ai tant d'affaires sur les bras,
Qu'alors j'ai bien besoin de toute ma jeunesse.

CINQUIÈME ENTRÉE.

Deux Philosophes et trois Soldats.

M. le chevalier DE GUILLERAGUE, *M. le baron*
DE GANGE *et* M. CAPON, *Soldats.*

Pour M. DUBUISSON, *représentant un Philosophe.*

Je ne puis devenir ni disciple ni maître,
Je suis de ces barbons le très-humble valet,

Et quand ils me foudraient, je ne puis jamais
    Qu'un philosophe de ballet.   [être

Pour M. le chevalier DE GUILLERAGUE.

Il n'en est pas, dans le métier,
De plus déterminé pour faire une conquête,
    Et quand j'ai l'amour en tête,
    Je ne fais point de quartier.

M. le baron DE GANGE.

Quand j'ai quelque passion,
Jamais soldat n'a su mieux pousser sa fortune,
Et je suis pour la blonde ainsi que pour la
    Fort chaud dans l'occasion.   [brune

SIXIÈME ENTRÉE.

L'Argent, un Peintre, un Poëte et un Alchimiste.

M. DE VITRAC, *représentant* l'ARGENT; *le sieur*
    MOLIÈRE, *le* POÈTE; *le sieur* BEJARRE *(sic)*, *le*
    PEINTRE; *et le sieur* JOACHIM, *l'*ALCHIMISTE.

Philosophes fameux, qui, d'une ardeur si pure,
De ce vaste univers recherchez les secrets,
Demeurez tous d'accord qu'avec notre pein-
                          [ture,
Nos vers ingénieux et nos divins creusets,

S'il est du vide en la nature,
Il faut qu'il soit en nos goussets.

SEPTIÈME ENTRÉE.

Un Charlatan et la Simplicité, représentée par un vieux paysan.

Pour M. DE VAUVERT, *représentant un Charlatan.*

Je suis ce grand Orviétan,
Dont le contre-poison a fait tant de merveilles;
Si je voulais parler des vertus non pareilles
De mes autres secrets, je serais charlatan.
Je ne me flatte point d'une vaine louange,
Les malades guéris me prennent pour un ange;
Les œuvres que je fais étonnent les humains;
Je m'arrête aux effets et je fuis les paroles;
Qu'un incurable vienne avecque des pistoles,
Il verra ce que font mes mains.

Pour la SIMPLICITÉ *parlant au Charlatan.*

Que mes yeux sont heureux de voir ce per-
[sonnage
Dont les divins secrets nous sauvent de la
Peut-on douter, par cet ouvrage, [mort!
Qu'il ne soit quelque dieu qui gouverne le sort?

Mais aussi je crois que sa vie,
Comme celle de l'homme, est aux maux as-
Il est goutteux, dispos et vert ;   [servie !
Ceci n'est de Dieu ni de l'homme.
Ma foi ! je l'irai dire à Rome,
S'il n'est le diable de Vauvert !

SECONDE PARTIE.

RÉCIT.

Le Dieu du Sommeil.

Qui m'a pu réveiller? Quel dieu? quelle déesse,
Des célestes vertus d'une grande princesse,
Malgré tous mes pavots, me vient entretenir?
Mon sommeil cède enfin à toutes ses mer-
                                    [veilles ;
Au bruit que font partout ses grâces non pa-
        Je ne saurais dormir.   [reilles,

O bienheureuse nuit, qui te vois éclairée
D'un astre plus brillant que n'est tout l'Em-
                                    [pirée,

Au mépris de nos lois, je te veux conseiller :
Cessons d'assujétir tout le monde au silence,
Et de cette clarté publiant la puissance,
    Allons tout éveiller.

PREMIÈRE ENTRÉE.

L'AMBITION *représentée par le baron* DE
FOURQUES.

Quand mon esprit a quelque passion,
    Il a bien peine à s'en défaire ;
    En mes amours, j'ai su me satisfaire :
Je ne veux plus penser qu'à mon ambition.

DEUXIÈME ENTRÉE.

La Dissimulation et deux Ivrognes.

Le sieur LA BRUGUIÈRE, M. D'ANGERVILLE
et le sieur BÉJAR (*sic.*)

Fuyez bien loin, gens à double visage,
    Dont le penser est contraire au langage
    Et qui trompez comme de faux écus ;
On sait bien entre nous faire la différence ;
    Car, dans la cour du bon prince Bacchus,
Le meilleur courtisan y dit tout ce qu'il pense.

Pour M. D'ANGERVILLE, *représentant un Ivrogne.*

Une aventure assez jolie
Me fait héros de comédie,
Et moi qui suis toujours sobre en amour,
Par une étrange destinée,
J'en donnai tant un certain jour,
Qu'une fille en fut *enivrée* (avinée?) (1)

TROISIÈME ENTRÉE.

L'Éloquence et une Harengère.

M. *le baron* DE FERRALS *et le sieur* MOLIÈRE.

Pour M. *le baron* DE FERRALS.

A mettre les choses au pire,
Et sans avoir ici dessein de me flatter,
On connaît aussitôt, en me voyant sauter,
Que je fais encor mieux que je ne saurais dire.

Pour le sieur MOLIÈRE, *représentant une Harengère.*

Je fais d'aussi beaux vers que ceux que je ré-
Et souvent leur style m'excite   [cite,
A donner à ma muse un glorieux emploi.
Mon esprit, de mes pas, ne suit pas la cadence.

(1) Nous risquons une correction que la rime indique d'elle-même.

Loin d'être incompatible avec cette éloquence,
Tout ce qui n'en a pas l'est toujours avec moi.

QUATRIÈME ENTRÉE.
La Sagesse et deux Amoureux.

M. *le baron* DE FABRÈGUES, M. DE THOMAS
et M. le baron DE REYNIES.

Pour M. le baron DE FABRÈGUES.

A mon air et mon corsage,
Sans me donner vanité,
On peut dire, en vérité,
Que je suis grandement sage.

CINQUIÈME ENTRÉE.
La Vérité et quatre Courtisans.

MM. PASCAL, *le baron* DE FLORAC, DE MANSE,
CAPON *et le sieur* BRUGUIÈRE.

Pour la VÉRITÉ, *représentée par* M. PASCAL.

Depuis longtemps je suis au fond d'un puy,
    Où je crie miséricorde,
Et quelque homme de bien m'en tirait aujour-
                    [d'hui,
Quand tous ces courtisans ont fait rompre la
                        [corde.

*Pour les Courtisans, représentés par MM. le
baron* DE FLORAC, CAPON *et* LA BRUGUIÈRE.

Parler sincèrement n'est pas trop notre fait,
Et c'est un vrai moyen d'être peu satisfait.
Aussi, cette vertu nous est fort inconnue.
Bien souvent à mentir nous passons tout le
    Et la vérité toute nue   [jour,
  Ne nous donna jamais d'amour.

Pour M. DE MANSE, *représentant un Courtisan.*

  Mon industrie est admirable,
Je m'accommode au temps et m'en sais di-
  En courtisan, je suis peu véritable; [vertir
  En amoureux, je ne saurais mentir.

SIXIÈME ENTRÉE.

La Sobriété et quatre Suisses.

Le sieur LA PIERRE, M. DE VITRAC, M. SÉGUIN
et les sieurs MARTIAL *et* JOACHIM.

Plutôt s'accorderaient la lumière et la nuit,
Plutôt seraient unis le silence et le bruit,
Le ciel plus aisément se joindrait à la terre,
  Et le mensonge avec la vérité,

La paix s'accorderait plutôt avec la guerre,
Que nous et la sobriété.

SEPTIÈME ENTRÉE.

Une Bacchante et une Naïade.

M. DE VITRAC *et M. le baron* DE FOURQUES.

Pour M. DE VITRAC.

Pour adorer Bacchus, je ne danse pas mal :
Le plus délicat s'en contente ;
Mais si j'étais toujours bacchante,
Je serais fort mal à cheval.

Pour le baron DE FOURQUES.

Le métier que je fais n'a rien qui ne déplaise,
Et quelqu'autre que moi le pourrait trouver
[beau,
Mais quand on est chaud comme braise,
On passe mal son temps avec le bec en l'eau.

DERNIÈRE ENTRÉE.

Le dieu du Silence et six Femmes.

M. *le marquis* DE CANAPLE, Mlle DU FEY, Mlle PI-
CAR, Mmes *d'*ARGENGOURT, Mlles SOLAS et
Mlle GÉRAR (1).

Pour le marquis DE CANAPLE.

Je ne suis plus ce beau muet
Dont le martyre trop secret
Rendit souvent la plainte vaine :
On n'entend plus que moi quand j'en veux
[étaler,
Et mes yeux n'ont plus tant de peine
Maintenant que je sais parler.

Vous qui me voyant sangloter,
Ne daignâtes jamais conter
Ce qui témoignait ma souffrance,
Ne vous abusez pas ici du mauvais choix.
On me fait faire le silence,
Lorsque j'ai recouvré la voix.

(1) Il faut lire sans doute Mlle *Béjar.*

Pour Mlle DU FEY.

Sans trop parler, aisément je m'explique :
Ce que j'ai dans l'esprit, on l'apprend de mes
                                          [yeux ;
  Ils disent mes secrets à tous les envieux,
Par un air tantôt gai, tantôt mélancolique :
    Ils ne manquent jamais un cœur ;
    Et leur feu se rendrait vainqueur
    De la plus froide indifférence.
Qui ne m'en conte pas est mis au rang des
    Et le Dieu même du Silence   [sots,
Ne saurait s'empêcher de m'en dire deux mots.

Pour Mlle PICAR.

Mes yeux savent avec adresse
  D'un esprit me rendre maîtresse,
Et sur les libertés faire mille complots ;
  Ils font plus de mal qu'on ne pense,
  Et le Dieu même du silence
  En pourrait bien dire deux mots.

Pour Mlle D'ARGENCOURT.

Peu de beautés à nous se peuvent égaler :
On ne nous saurait voir avec indifférence.

Si nous t'entreprenons, pauvre Dieu du si-
Nous t'apprendrons bien à parler. [lence,

Pour Mlle SOLAS *et* Mlle GÉRAR.

Pour nous, le plus volage aurait de la con-
[stance :
Nos yeux dans tous les cœurs savent mettre
Mais comme nous parlons fort peu,[le feu.
C'est assez notre fait que le Dieu du silence.

FIN.

TABLE.

FIN DE LA TABLE

www.ingramcontent.com/pod-product-compliance
Lightning Source LLC
Chambersburg PA
CBHW070603100426
42744CB00006B/387